위험 커뮤니케이션

위험 커뮤니케이션
미디어와 공론장

1판 1쇄 인쇄 2012년 6월 15일
1판 1쇄 발행 2012년 6월 20일

지은이 | 송해룡
펴낸이 | 김준영
출판부장 | 박광민
편집 | 신철호 · 현상철 · 구남희
디자인 | 이민영
마케팅 | 유인근 · 송지혜
관리 | 조승현 · 김지현
외주디자인 | 김상보
용지 | 화인페이퍼
출력 | 아이앤지프로세스
인쇄제책 | 영신사

펴낸곳 | 성균관대학교 출판부
110-745 서울특별시 종로구 성균관로 25-2
등록 | 1975년 5월 21일 제1975-9호
전화 | 02)760-1252~4 팩스 | 02)762-7452
홈페이지 | http://press.skku.edu

ISBN 978-89-7986-931-6 93070
값 16,000원
잘못된 책은 구입한 곳에서 교환해 드립니다.

이 저서는 2011년도 정부재원(교육과학기술부 사회과학연구지원사업비)으로
한국연구재단의 지원을 받아 저술되었음(NRF-330-2011-1-B00228).

위험 커뮤니케이션

—— 미디어와 공론장 ——

송해룡 지음

성균관대학교
출 판 부

다양한 위험이 우리 삶을 위협하고 있다. 이러한 위험 중에는 '예상 가능한 것'도 있고 '불가능한 것'도 있다. 최근에는 위험사회를 가장 특징적으로 설명하는 '예상 불가능한 위험'이 증가하고 있다. 이는 산업사회의 거대기술이 파생시킨 결과이며, 단순하게 한 지역에 머무르는 것이 아니라 전 지구적인 차원에서 영향을 미치고 있다. 정보화사회 역시 예상치 못한 새로운 형태의 위험을 만들어내고 있다. 위험은 이제 인류가 함께 고민하고 해결해야 할 범지구적인 사회현상이 되었다.

인류는 언제나 자연재해라는 위험을 극복하며 살아왔다. 그러나 이제 인간 활동에 따르는 인위적인 위험에 직면하여 새로운 삶의 양식을 추구할 수밖에 없는 상황에 이르렀다. 이 새로운 삶의 양식은 사회시스템 전반에 대한 개혁을 요구하고 있다. 이는 시스템들 사이의 충돌현상, 소위 '시스템 위험'이 점점 더 심화되고 있기 때문이다.

이 '시스템 충돌'이라는 현상의 중심에서 미디어 시스템은 점점 더 큰 사회적인 영향력을 발휘하고 있다. 미디어 시스템이 모든 시스템을 연결시켜 주는 망網으로 그 위상을 변화시키고 있기 때문이다. 즉, 객관적으로 존재하는 위험 개념보다는, 사회적으로 인식되고 구성되는 위험 개념이 일반 사람들에게 더 많은 영향을 미치고 있다. 바로 여기에 미디어 시스템은 깊숙이 관여하고 작동한다. 사회적인 위험을 논하고 구성하는 이 전체적인 과정에 미디어가 어떠한 형태로 작동하는지를 탐구하는 것이 바로 '위험 커뮤니케이션'이다.

미디어는 항상 새로운 지식 결과를 전파하고, 그것을 인간의 삶 속으로 수용시키는 촉매제의 역할을 해왔다. 전파매체 기술의 발달은 이러한 미디어의 기능을 더욱더 분화시켜 왔다. 사회적 차원에서 볼 때 공론장이 변화되고 있는 것이다. 또한 이것은 사회의 미디어화와 다양한 집단의 부상으로 인해, 의견 형성 과정에 보다 많은 요인과 정보원이 개입되어야 함을 의미한다. 예를 들면, 최근에는 시민단체들이 성장하면서 다양한 소위 반反전문가 문화가 급성장하고 있다. 전문가를 자칭하던 집단의 의견과 주장이 이제 일방적으로 통용되지 않는 것이다.

따라서 위험 커뮤니케이션은 위험에 대한 확인 작업과 평가, 측정, 관리와 연계된 모든 커뮤니케이션을 포괄적으로 다루어야 한다. 이러한 정의는 위험 커뮤니케이션이 전체적인 위험의 통제 과정에서 필수 부분임을 시사한다. 위험 커뮤니케이션의 근본적인 의미가 위험과 관련하여 폭넓게 인정되는 연구 분야로 발전하는 것도 위험천만한 이 시대의 의미와 변화를 담아내고 있기 때문이다. 따라서 위험 커뮤니케이션의 목적은 잠재적 위험에 대한 객관적인 정보를 제공하고, 위험평가에서 나타나는 차이점을 인식하고 최소화하는 것, 그리고 위험논쟁과 관련하여 갈등의 확산을 방지하는 데 있다.

　이와 같은 위험 커뮤니케이션의 궁극적인 목적 달성을 위하여 필자는 지난 10년 동안 체계적으로 저술 작업을 해왔다. 2001년 한스 페터 페터스Hans Peter Peters 교수와 함께 쓴『위험 커뮤니케이션』을 시작으로『위험보도』『위험보도론』『위험보도와 매스커뮤니케이션』『위험 커뮤니케이션과 위험수용』『기업과 위험 커뮤니케이션』『위험인지와 위험 커뮤니케이션』등을 저술하였다. 이 저술 작업은 위험 커뮤니케이션을 언론학의 한 분야로 편입시키는 데 그 목적이 있었다.

　그러나 여전히 우리나라의 위험 커뮤니케이션 연구는 극히 제한적이고, 학제적인 탐구가 미흡하다. 일천한 학문의 역사가 그 원인이겠지만, 이 분야가 워낙 방대하여 체계적 연구를 제대로 시도하지 못했기 때문이기도 하다. 지금까지 위험 커뮤니케이션 연구는 주로 이슈를 관리하며 정책적 제안을 내놓는 수준에 그쳤으며, 그나마 사회학과 행정학에서는 서로 다른 관점에서 이 위험을 논의해 왔다. 위험논쟁이 과학적인 장르를 벗어나 사회문화적 맥락과 커뮤니케이션학적인 맥락에서 이루어진다는 패러다임의 변화를 읽어내지 못하였기 때문에 학제적인 연구도 이루어지지 못한 것이다.

이러한 현 상황에 대한 성찰을 통해 필자는 사회문화적 맥락과 커뮤니케이션학적인 맥락이 함께하는 연구를 위하여 바로 '미디어의 공론장 형성'에 주목하였다. 불명확한 위험과의 커뮤니케이션, 믿음과 신뢰가 위험 커뮤니케이션에 미치는 영향, 지구온난화의 문제 등을 주제로 하여 이것이 어떻게 공론장으로 들어와 논해지는지를 탐구하였다. '위험 커뮤니케이션과 미디어'는 이제 연구가 시작된 분야이므로 본서에서는 주제를 중심으로 기초적 접근을 시도하였다. 이러한 접근을 통해서 한국 사회에서 논해지는 위험의 특성 및 공개장의 형성 시스템에 대한 커뮤니케이션 차원의 논의를 이루어나갈 것이다.

압축적인 근대화를 통해 발전한 대한민국은 '위험사회'에 대한 성찰이 매우 빈약하다고 볼 수 있다. 이 연구를 통하여 한국 사회의 위험을 극복하기 위한 방안을 탐색하는 데 국가의 위기관리, 미디어의 역할, 시민사회와 개인 등 주체별 역할로 그 논의의 범위가 확대되기를 기대한다. 지난 10년 동안 위험 커뮤니케이션 분야를 한국에 소개하는 데 물심양면으로 지원을 한 독일의 한스 페터 페터스 교수에게 고맙다는 말을 전한다. 앞으로 더욱더 밀접한 학문적 연대를 통하여 위험 커뮤니케이션 분야에 대한 연구가 한국에서 증대되기를 기원한다. 그리고 늘 좋은 책을 만들어주시는 성균관대학교 출판부 동료들에게도 감사의 말씀을 드린다. 책을 사랑하는 출판부 동료가 없었다면, 이 책은 빛을 보지 못하였을 것이다.

2012년 5월
송해룡

목차

1장

위험보도와 위험관리 측면에서
미디어의 역할

진실은 미묘한 차이에 있다.

아나톨 프랑스(사회학자)

---

1. 들어가는 말

매스미디어, 특히 텔레비전과 신문은 자연재해, 지역재난 그리고 위험 이슈와 관련된 정보의 제공 및 대중과의 커뮤니케이션에 중요한 역할을 한다. 하지만 위험정보에 대한 미디어 보도는 대체로 중요한 사실들을 잘못 제시하며 불명확하고 불균형한 모습을 취한다는 비판을 받는다. 그렇다면 위험 커뮤니케이션에서 미디어의 영향을 확실히 정리할 수 있을까? 여러 연구 결과에 따르면 미디어는 여러 형태로 위험 커뮤니케이션에 영향을 미치고 있으며, 이에 따라 연구방법론을 다양하게 발전시켰다. 미디어의 다면체적인 특성은 여전히 위험 커뮤니케이션 영역에서도 논쟁이 되고 있다. 아직도 핵심적인 질문에 대한 '현재의 답변'에 내재된 불확실성은 뜨거운 논쟁을 일으킨다. 설명하기 어려운 많은 위험 이슈에 대한 논쟁은 여전히 진실 찾기에서 탐구의 대상이 되고 있다.

최근 들어 위험 이슈와 관련한 범위가 과거보다 더욱더 넓어지고 있다. 왜냐하면 더 많은 사람들이 위성이나 케이블과 같은 뉴미디어 그리고 인터넷 같은 새로운 정보기술을 사용할 수 있기 때문이다. 이 같은 변화는 글로벌화에 따라 전 지구적 차원에서 폭넓게 이루어진다. 방송통신의 융합에 따라 미디어의 다양성이 폭넓게 보장되고 있기 때문이다. 본 장에서는 위험 커뮤니케이션의 연구 차원에 초점을 두고 미디어의 위험보도에 관한 몇 가지 연구 결과를 소개하고 서술하는 데 중점을 둔다.

2. 미디어는 어떻게 영향을 주는가?

2.1 다양하고 폭이 넓어지는 미디어 효과

위험관리 측면에서 미디어의 역할에 대한 최초의 관심은 미국의 의사결정연구팀Decision Research Group이 수행한 위험인식 연구에서 파생된 것이었다(Peltu, Malcolm 1988). 의사결정연구팀은 실제적인 통계수치, 공중인지 그리고 다양한 위험에 대한 미디어 보도의 양을 비교한 후에, 미디어가 사람들의 위험수준 인식에 중요한 영향을 미친다는 결론을 내렸다. 그 근거는 미디어가 불균형적인 형태로 보도를 한다는 것에 두고 있다.

지금으로부터 60년을 거슬러 올라가는 미디어 연구는 미디어가 무엇을 말하고, 그리고 어떻게 시청자(수용자)가 영향을 받는지에 대한 직접적인 인과관계를 가정하는 '탄환이론'과 '피하주사식' 미디어 효과 모델로부터 변화하여 다양한 방향으로 진화해 왔다. 대부분의 미디어 연구자들은 일반적으로 미디어 효과가 사회 상호작용과 개인적인 신념을 통해 중재되며 상이한 시청자(수용자) 사이에서 다양한 유형으로 나타난다는 것을 받아들이고 있다(Lowry and DeFleur 1983).

코젠Cozzens과 콘트랙터Contractor는 미디어에 주기적으로 노출되는 사람들이 개인적인 정보원을 통해 취한 정보와 대립하거나 갈등을 하면 그 정보에서 제공한 사실을 수용하지 않으려는 경향이 있음을 제시하였다(Cozzens, M.D. and Contractor, N.S. 1987). 이 두 학자는, 시청자는 능동적으로 해석하며 종종 미디어를 통해 인지한 정보에 대해 많은 의심을 한다고 논의한 바 있다.

이같이 복잡한 미디어 효과 모델의 맥락에서 위험 커뮤니케이션은 표적을 권총 탄알과 같이 즉시 관통한다는 마술적인 탄환이론보다는 잘 알려지지 않은 여러 가지의 다양한 변수의 영향을 받는다. 그러므로 미디어와 위험의 상호작용에 관한 연구는 다양한 맥락과

위험관리 과정에 연루된 사회적 상호관계를 탐구하는 데 정향定向
되어야 한다.

미디어 효과는 때에 따라 변화될 수 있다. 누적적이고 매개적이
고 장기적인 미디어 영향은, 로우리Lowry와 드플러DeFleur의 주장
에 따르면 '한 실험의 포맷 형식 안에서 단기적인 서베이 조사나 미
디어 메시지의 내용분석'으로 평가하기가 어렵다. 위험 커뮤니케이
션에 관련한 다수의 연구 프로젝트는 이러한 요인들을 고려하면서
수행되었다. 예를 들어 의제설정 가설은 미디어 연구에서 가장 보편
적으로 동의가 이루어진 이론 중 하나이다(McCombs and Shaw, 1972).
이 이론은 뉴스 보도에서 미디어가 상대적으로 중요하게 다루는 아
이템이나 주목하는 이슈가 공중의 이슈 중요성과 인지형성에 중요
한 영향을 미치고 있다는 것을 설명하고 있다. 미국 도시정책연구센
터The Center for Urban Affairs and Policy Research가 수행한 연
구조사는 어떻게 뉴스 보도가 일반 공중, 정책 결정자들과 이익집단
의 관점에 영향을 끼치는지 살펴보면서 이 가설을 검증하였다.

리히텐슈타인(Lichtenstein, S. 1978)이 수행한 연구에서처럼, 의제
설정과 관련한 대부분의 연구는 미디어 노출 전후에 수용자의 관점
을 고려하는 데 실패하였다. 미국 도시정책연구센터의 연구자들은
저널리스트들과 함께 일하면서, 기사가 인쇄되기 전과 후의 의견을
테스트할 수 있었다. 유해 폐기물 처리 및 의료 기사 뉴스가 포함된
네 가지 연구를 수행한 후에 미국 도시정책연구센터는 명확하게 상

이한 집단에 상이한 효과가 나타났음을 제시하였다.

의료 기사는 일반 사람들에게 가장 우선시되는 주제였다. 정치인들은 일반 사람들이 이 이슈를 매우 중요하게 인식한다는 사실을 알았고, 이에 대한 행동이 필요하다는 인식도 있었다. 그런데도 정치인들에게 이 주제는 우선순위에서 최하위를 차지하였다. 이익집단의 관점은 변하지 않았다(Cook, F.L. 1983). 반면에 지방 대학의 유독성 폐기물 처리와 관련한 장비결함 기사는 일반인들이나 정치인들에게 상대적으로 작은 영향을 주었다. 왜냐하면 기사가 공표된 시기가 바로 이 문제가 '해결'되는 과정에 있었기 때문이다(Protess, D.L. et al. 1987).

총기소지와 음주운전에 대한 일반 사람들의 태도 연구는 노스웨스턴 대학에서 인터뷰를 통해 사전 및 사후 발표 방식을 이용하여 실시되었다. 이 연구는 미디어가 개인적인 차원보다는 사회적 위험에 대한 판단에 더 큰 영향을 미친다는 사실을 발견하였다. 즉 사람들은 대체로 지역사회에 대한 이 같은 위험의 중요성과 관련해서는 신념을 바꾸었지만, 개인적으로 영향을 받은 위험에 대한 평가에서는 변화가 없었다. 이러한 사실은 위험 커뮤니케이션 연구에서 중요한 것이다. 그것은 '미디어는 공적이고 정책적인 의제설정에 도움을 준다'는 미디어의 효과에 관한 설명으로부터 보편적으로 이용 가능한 결론을 끌어내는 것이 얼마나 어려운지를 잘 제시해 주고 있다.

미디어 연구에서 문제가 되는 것 중 하나는 미디어 내용을 평가하기 위한 통계(매트릭스)를 이용하는 것이다. 대부분의 연구는 다양한 주제를 제공하는 신문 보도의 양을 측정하는 방법에 기대고 있다. 하지만 내용분석에는 많은 제한 사항이 있다. 신문은 텔레비전보다 내용을 더 쉽게 만들 수 있지만, 텔레비전은 여러 상황에서 더욱 강력한 효과를 갖고 있다. 예를 들어 신문 보도의 크기는 1면의 짧은 기사와 눈에 띄지 않는 곳에 실린 뒷면의 긴 기사 사이에서 볼 수 있는 여러 가지 효과를 측정할 수 없다. 보도행위의 길고 짧음에 따라 사람들이 나타내는 관심의 정도를 제시할 수 없는 것이다. 그러나 내용분석이 장기적으로 동일한 주제에 관한 일반 사람들의 태도를 증명하는 데 사용되었을 때에는 위험 커뮤니케이션의 특성을 끌어내는 증거로 적절하게 활용된다.

예를 들어 메이저Mazur는 보도의 질과 내용보다도 보도의 양이 핵에너지나 기타 기술적인 논쟁과 관련한 대중의 공적 태도에 큰 효과가 있다고 결론을 내렸다(Mazur, A. 1987). 그는 미디어 보도의 양적인 크기는 잠재적인 태도와 감성을 자극한다고 믿고 있다. 이와 같은 관점에 따라, 핵에너지에 부정적인 관점을 가진 사람은 미디어 보도의 양적인 증가에 따라서 자신의 '반대' 성향을 높이게 된다. 원자력에너지가 단점보다 장점이 많다고 해도, 이에 상관없이 미디어가 이 주제에 대해 더 많이 보도하면 할수록 대중의 반대 성향은 높아진다는 것이다. 맥퀸MacKuen과 컴브스Coombs는 광범위한 정치적 이슈와 관련하여 미디어를 연구하였다(MacKuen, M.B., and

Coombs, S.L. 1981). 그들은 사람들이 일반적으로 미디어 보도에 따라 자신의 견해를 강화시킨다는 메이저의 관점을 확인하였다. 그러나 그들은 보도의 양이 아니라 사건의 특성과 언론에 나타난 이 사건의 모습이 이미지와 의견의 변화를 가져오는 중요한 구성요소라는 것을 제시하였다. 이것은 메이저가 말했듯이 미디어 보도가 증가하면 태도를 변화시키는 자극을 끌어내는 자극성이 있다는 것을 확인시켜 주는 것이다.

이러한 증거들이 위험 커뮤니케이션 연구가 더욱 필요하다는 주장을 강화하고 있다. 미디어의 위험보도에 대한 대부분의 연구는 구舊 소련의 체르노빌 사고와 미국의 스리마일 섬Three Mile Island의 원자력발전소와 같은 위험에 초점을 맞추었다. 만약 이러한 사건에 대한 보도가 핵 반대 태도를 증가시킨다는 것이 사실이라면, 연구를 통해 어떻게 다양한 미디어가 여러 형태의 다양한 수용자들의 의견을 변화시키고 기존의 의견을 공고히 하는지를 설명해야 한다. 이것을 설명하고 이해하는 것이 무엇보다 중요한 연구주제가 된다.

수용자를 하나의 매스Mass, 즉 덩어리로 봐서는 안 된다는 논의처럼 미디어 역시 하나의 단순한 독립체로 보아서는 안 된다. 미디어는 기술과 내용의 양 차원에서 매우 고도화된 형태로 다양해지고 있다. 동일한 미디어 안에서조차 각 지면마다 매우 다른 양상을 보인다. 예를 들어 페터스는 12개국의 신문에 게재된 원자력에너지 기사를 분석한 결과, 일반적으로 '일반 보도기사면'과 '정치면'에서

보다는 '비즈니스면'과 '과학면'에서 원자력에너지에 대한 '찬성' 비율이 높았다는 사실을 발견하였다(Peters, H.P. 1984).

위험 및 환경과 관련한 미디어 보도를 분석해 보면 거의 대부분 뉴스 보도 형태로 집중되어 나타나고 있음을 알 수 있다. 미디어가 미치는 영향을 설명하는 매개적이고 진화적인 모델은 누적적인 효과를 강조한다. 이 누적적인 효과는 방송 보도가 아닌, 소설이나 잡지의 특집기사에서도 영향을 받는다. 꼭 뉴스의 영향만을 받는 것은 아니라는 말이다. 뉴스 이외에 영화나 책, 비디오, 라디오, 만화, 그리고 기타 미디어의 영향을 받는다. 셸리Shelly의 『프랑켄슈타인』이나 헉슬리Huxley의 『멋진 신세계』와 같은 소설은 많은 사람들이 과학의 위험성을 깨닫게 한 보완적인 기능을 발휘하였다. 〈믿기 힘든 정신과 사람Incredible Shrinking Man〉 같은 1950년대의 공포영화는 방사능에 의한 유전자 손상을 경고했다. 이 영화는 원자력에너지에 관한 논쟁이 한창 진행되던 중요한 시기에 상영되었다.

라이더Ryder는 스리마일 섬의 뉴스 내용과 관련하여 위기가 발생한 3일 후에 영국 청소년들의 반응을 연구하였는데, 여기에서 그는 이미지가 풍부한 공상과학소설의 영향이 뉴스보다 한층 더 오랫동안 남아 있다는 사실을 제시하였다(Ryder, N. 1982). 젊은 사람들은 뉴스의 세부 내용에 상대적으로 미미한 반응을 보여줬지만, 그들은 후에 돌연변이 아기의 위험, 방사능으로 인한 변형생물체들의 기괴한 이미지들을 많이 언급하였다. 또한 공상과학적이며 다큐멘터리적인 영화와 텔레비전에서 많이 비춰진 영상이나 관련 단어들에 관심을 보였다.

거브너Gerbner는 미국에서 텔레비전의 과학보도가 1970년대에 뉴스 프로그램보다 더욱더 오락적인 성향을 나타냈다는 사실을 발견하였다(Gerbner, G. 1985). 거브너는 오락 프로그램을 많이 시청하는 중시청자는 경시청자보다 자연과학에 더욱 부정적인 모습을 띤다는 사실을 발견하였다. 대개 이 중시청자들은 과학자들을 매우 위험한 존재, 합리적이지 못하고 고집 세며 더 폭력적인 모습으로 정형화시켜서 보고 있었다.

텔레비전 프로그램의 선정성과 폭력성의 효과를 이야기하는 미디어 연구는 일반적으로 뉴스 보도를 광범위한 미디어 스펙트럼의 통합적인 한 부분으로 포함시키고 있다. 위험 커뮤니케이션 연구 또한 폭넓은 미디어의 관심을 불러일으켜야 한다. 특히 뉴스 보도에서 이 위험 커뮤니케이션은 더욱 폭넓게 관심을 끌어내야 한다. 대부분의 위험연구는 주로 '정론적인' 신문을 대상으로 이루어졌다. 그러나 이제는 전문적인 내용을 다룬 도서들도 고려되어야 한다. 예를 들어 레이첼 카슨의 『침묵의 봄』은 1960년대에 환경오염에 대한 일반 사람들의 태도에 엄청난 영향을 미쳤다. 이 책은 내재된 은유적인 메시지에 의해 사회적인 영향력이 더욱 증폭되었다. 환경오염이 가져오는 위험에 대한 대중의 관심을 촉발한 중요한 저서였다.

2.2 위험관리 행위자로서 미디어

그 정확한 성격이 어떠하든지 미디어는 현대적인 위험관리 과정에 영향을 주는 행위자이며, 정책결정자들과 규제기관, 산업체, 공공 이익집단, 전문가들에게 엄청난 영향력을 발휘한다. 여론의 형성과정에서 모든 행위자들은 서로 영향을 주고받는다. 언론인은 정보를 선택하고 제시하는 데 있어 이에 맞는 기준을 설정하고 수용자의 수준을 고려한다(Peters, H.P. 1986). 또한 언론인은 자신들이 보낸 정보보다도 사회적인 과정을 통해서 여타 다른 행위자에게 영향을 미치려 한다. 예를 들어, 미디어 심층보도 과정에서 언론인과 정책 입안자의 적극적인 협력은 보건의료 및 독성 폐기물 처리 같은 경우에 실제 보도행위보다 정책에 더 큰 영향을 미친다는 확실한 증거가 있다(Protess, D.L. et al. 1987). 쿡Cook이 지적한 것처럼 소위 '공생관계'가 언론인과 정책결정자 사이에 존재하는 것을 볼 수 있다(Cook, F.L. et al. 1983).

어떠한 사건이 발생하기 전에 언론은 한동안 침묵을 유지하거나, 경고적이고 부정적인 여타 보도에 신속하게 동참하지 않는다. 미국에서 발생한 예를 들어보자. 1973년 미국 미시건 주에서 동물 사료가 크게 오염된 사고가 발생하였다. 동시에 몇 군데에서 화학물질에 의한 재해도 일어났다. 지역민의 불안감이 대단히 컸음에도 이 지역의 언론은 미온적인 형태로 보도를 하면서 미디어가 갖는 중요한 기능인 사회환경 감시기능을 제대로 발휘하지 못하였다. 소위 말하는 사회적 감시견의 기능을 수행하는 데 실패하였던 것이다.

이밖에도 다른 사례들은 많다. 1970년대에 나이아가라 폭포의 러브 운하Love Canal 폐기물 사건에 대해 오랫동안 해당 지역 언론은 미온적인 반응을 보였다. 그러다 환경오염의 피해가 보고되고 마침내 비상사태 선언으로 많은 사람들이 대피하게 되자 그제야 보도를 시작하였다. 우리나라에서도 이 같은 모습을 빈번하게 볼 수 있다. 사건이 발생하고 증폭되면 그제야 보도의 대상이 되는 것이다. 1987년과 1988년에 영국 시민들에게 큰 불안을 준 세 가지 재앙이 발생했다. 제브뤼헤Zeebrugge 항구에 정박한 P&O페리선의 침몰과 킹스 크로스Kings Cross 역 지하화재 그리고 북해에서 일어난 파이퍼 알파Piper Alpha 오일 장비 화재였다. 재앙이 발생하자 영국 미디어는 이러한 사고의 위험을 경고한 전문가들을 인터뷰하고 의견을 구했지만 이는 사후에 약방문 구하는 격이다. 사고 발생 전에 미디어는 전문가의 이러한 경고에 전혀 귀를 기울이지 않았던 것이다.

여러 재난사고를 분석한 후 터너Turner는 소위 '인큐베이션' 기간 동안 축적된 경고 신호에서 다음과 같은 사실을 발견하였다(Turner, B.A. 1976). 깊게 뿌리내린 제도적인 그리고 심리적인 요인은 현상유지를 '현실'로 간주하는 경향이 있다는 것이다. 일반적으로 이 초기단계에서, 특히 비전문가나 제도권 밖의 전문가한테서 위험

경고가 제시되었을 때 그 경고는 무시되었다. 터너의 이 모델은 위험 커뮤니케이션 연구에서 무엇보다 중요하다. 이것은 왜 미디어가 예방 조치를 권장하기 위해 '의제설정agenda setting'에 우선순위를 두어야 하는지, 보다 앞선 위험경고를 제공하는 것이 왜 어려운지를 설명해 준다.

　때로는 광고주가 기사를 은폐하거나 무력화시키기 위하여 상업적 영향력을 활용하기도 한다. 웨이즈Weis와 버크Burke는 담배 광고주가 어떻게 『뉴스위크』와 『타임』지의 건강 섹션에서 흡연 반대 문구를 삭제하였는지를 분석했다. 분석 결과, 언론인 스스로 특정 기사와 관련해서 주요 광고주의 압력을 받고 있고, 편집자와 갈등을 피하기 위해 스스로 검열한다는 것을 확인할 수 있었다(Weis, W.L. and Burke, C. 1986). 소위 '호루라기를 삼키는 것(미디어가 수용자에게 위험을 경고하기 위해 호루라기를 충분히 일찍 불지 못하는 것들)' 또한 미디어의 상황과 연관이 있다. 언론은 다른 위험관리 행위자의 메시지를 전달할 뿐만 아니라 자신의 권리를 발휘하는 행위자이다. 미디어에 나타나는 특성은 여타 행위자가 언론인과 편집자에게 영향을 주는 상대적인 효과를 반영한다는 것이다. 위험 커뮤니케이션의 핵심적인 목표는 상이한 행위자의 감정을 적정한 데이터와 메시지로 어떻게 제공할 수 있는지를 끌어내는 데 있다. 여전히 많은 위험보도와 관련한 문헌이 제시되고 있고, 더 우선하여 여기에 영향을 미치는 힘에 대해서 검증할 필요가 있다.

위험정보는 특별히 흥미롭거나 드라마틱한 사건이 아닌 이상, 미디어 보도에 별다른 영향을 주지 못한다. 샌드맨Sandman은 미국 뉴저지 지역신문의 환경보도를 조사해 보고 나서 위험정보가 매우 소량이었다는 사실을 발견하였다(Sandman, P.M. et al 1987). 위험은 재앙이 일어난 후에야 미디어 보도에서 토픽이 된다. 이와 같은 보도가 이루어진 후에야 '수용 가능한 위험 수준'과 비교되는 위험통계치가 일반 사람들에게 제시된다.

오트웨이Otway에 따르면, 유럽 7개국의 미디어 보도는 체르노빌 비상사태와 관련하여 방사능 영향을 측정하는 데 각각의 척도를 사용하였다(Otway, H. and Peltu, M. 1985). 더군다나 어느 경우엔 동일한 기사에도 서로 다른 척도가 사용되기도 하였다. 이와 같은 모습은 방사능 데이터와 관련하여 혼란을 주고, 심지어 의미 없는 것이 되도록 하였다. 미국의 신문과 방송 역시 체르노빌 보도에서 방사능과 관련된 위험정보를 충분히 제공하지 못하였다(Friedman, S.M. 1987). 예를 들어 허용 가능한 한계에 대한 근거가 어떠한 상황에서 제한적이 되는지를 설명하는 데 실패했다는 것이다. 오트웨이는 위험 커뮤니케이션 문제의 원천은 미디어가 인용한 공무원과 전문가라는 것을 지적하였다. 싱어Singer와 엔드레니Endreny는 미디어가 위험을 보도하지 않았고, 단지 해악만을 보도했다고 지적하였다(Singer, E. and Endreny, P. 1987). 샌드맨은 미디어가 위험보다 불법행위에 더 많은 관심을 보였다고 말한다(Sandman, P.M. 1987).

기자들은 여러 정보원이 제공하는 정보에 크게 의존하지만 주로 정부의 발표를 주된 정보원으로 삼는다. 예를 들어, 스리마일 섬과 체르노빌의 사고에 따른 정확한 정보 수집과 관련한 어려움은 초기 왜곡과 침소봉대라는 과장보도를 만들어냈지만, 대부분 정부발표에 크게 의존하였다. 체르노빌의 경우, 관련 정보의 수집은 구소련 정부의 고의적인 정보통제에 따른 정보 부족과 서방 국가의 정치적인 관점으로 인해 악화되었지만, 정부를 가장 큰 정보원으로 삼는 위험 커뮤니케이션의 과정에 따른 결과이기도 하다. 샌드맨은 "기자가 특정 문서와 특정 자료에 의존하는 의도된 편견"을 제시하고 있다면서 "기자들은 위험정보를 원할 때 주로 정부에서 원하는 정보의 자료를 채택한다."고 주장하였다(송해룡 2009). 또한 전문가들은 위험보도에서 아주 중요한 미디어 정보원이며, 특정 주제와 관련해서 '객관적인' 의견과 사실, 논평을 기대할 수 있는데도 일반적으로 무시되고 있다고 지적한다.

3. 뉴미디어와 불확실성의 확산

방송과 통신의 융합은 다매체다채널 시대를 열면서 커뮤니케이션 과정에 엄청난 영향을 미치고 있다. 특히 인터넷과 소셜 미디어의 발전은 커뮤니케이션 과정을 정보의 이동보다는 생산의 과정으로 더욱더 변화시키고 있다(송해룡 2009). 미디어의 특성 변화와 규제, 소유에서 이루어지는 새로운 형태의 혁신적 모습은 미디어의 특성과 효과를 근본적으로 변화시키고 있다. 전통적으로 방송은 교육과 문화의 가치를 강조하는 공공서비스의 원칙에 따라 규제를 받아왔다. 그러나 위성방송, 케이블 방송, 인터넷 방송은 이와 달리 오락을 중시하고 있다. 이 현상은 이제 글로벌한 차원에서 급격히 이루어지고 있다. 우리나라에서도 방송에 경쟁 개념이 도입되면서 전통적으로 공영방송을 지향했던 방송구조가 상업적인 요인이 지배하는 구조로 급격히 바뀌고 있다. 종합편성채널의 출범은 이 같은 경향을 가속시키고 있다.

방송에 경쟁 개념을 도입시킨 새로운 정보통신 기술은 민주주의 과정을 진보시키는 긍정적 잠재성을 갖고 있지만, 반면 다양한 형태로 사회적인 문제점을 야기하는 촉매제로도 작용하고 있다. 다양한 형태로 사회적 침해성을 높인다. 개인 사생활 침해, 의견의 쏠림과 편가름 현상, 인터넷 윤리와 같은 문제는 정보통신 기술의 침해성을 가장 잘 나타내며, 수많은 논쟁을 만들어내고 있다. 이 침해성은 위험 커뮤니케이션의 연장선에서 새로운 연구대상이 되고 있다(서보윤 2006). 새로운 커뮤니케이션 미디어의 성장은 수용자 대중으로 하여금 진지한 위험 커뮤니케이션 메시지의 획득을 어렵게 할 수 있다. 왜냐하면 메시지의 분산이 예전에 비해 넓어지기 때문이며, 동시에 메시지에 대한 신뢰성을 평가하기가 점점 힘들어지기 때문이다. 단지 미디어가 목표집단으로 설정한 수용자의 경우에만 더 효과적인 커뮤니케이션이 가능해지고 있다.

커뮤니케이션 과정이 다양해지면서 최근 미디어에서는 위험 커뮤니케이션을 변화시키기 위한 노력이 집중적으로 이루어지고 있다. 위험 커뮤니케이션과 미디어의 관계에서 권고되는 첫 번째 사항은 위험과 관련한 제반 내용을 미디어 전문가에게 교육시키고, 역으로 미디어를 어떻게 활용해야 하는지를 위험 전문가에게 교육시키는 것이다. 상호교차적인 교육은 가치를 높이는 방법이다. 미국과 유럽에서 이루어진 과학자를 대상으로 한 위험 커뮤니케이션 교육과정은 이와 같은 제도적인 차원의 교육효과를 강조하고 있다. 1990년대에 이루어진 미국 러트거스Rutgers대학의 환경위험 보도 프로젝트는 이와 같은 주장을 뒷받침하고 있다.

1980년대의 위험 커뮤니케이션 연구가 전문가와 일반인 사이에 존재하는 위험인식의 차이를 집중적으로 탐구했다면, 1990년대는 저널리스트와 전문가의 위험보도와 관련한 공적인 이해에서 나타나는 갈등을 주 대상으로 삼았다(Jungerman, H. et al. 1999). 즉 미디어와 위험보도의 상호 영향관계와 관련하여 저널리스트의 과학에 대한 이해와 여기서 나타나는 전문가 또는 과학자와의 갈등을 탐구하였다. 그 과정에서 위험 커뮤니케이션은 미디어의 제도적인 차원이 위험보도에 미치는 영향에 집중하였다. 미디어가 어떻게 작동되는지에 대한 이해를 높이고, 이 시스템에 함께 참여하기 위해서는 어떠한 방식을 활용해야 할지에 관한 연구가 주된 관심사였다. 이 시기는 주로 고전적인 매스미디어가 위험을 전파하는 매개체였기 때문에 자연히 논의는 공영방송이나 엘리트 신문에서 보도하는 위험보도의 구성을 탐구하는 선을 벗어나지 못하였다.

그러나 21세기가 되면서 인터넷을 중심으로 한 다매체다채널 시대의 등장과 산업사회의 논리를 벗어난 고도기술사회의 등장은 '불확실성'이라는 개념을 위험 커뮤니케이션 연구의 중요한 주제로 끌어들였다. 동구권의 붕괴와 사회주의의 몰락은 우리로 하여금 소위 '제3의 길'을 요구하였으며, 이 연장선에서 '불확실성'이라는 개념은 여러 학문 영역에 접목되었다. 위험 커뮤니케이션과 불확실성의 만남은 새로운 기술의 진보가 가져온 필연적인 결과였다. 유전공학·생명공학의 발전으로 표기되는 새로운 차원의 신기술은 '불확실성'을 사회적인 주제로 만들어냈다. 여기에 덧붙여 휴대폰기술, 나노기술 등 새로운 생활기술과 관련된 위험논쟁은 '불확실성'이라는 영역을 새로운 사회과학 연구영역으로 편입시키면서 그 연구 영토를 급격히 확장시켰다(Koenigswieser, R. et al. 1996). 아울러 생명공학의 발전은 이 추세를 뒷받침한 엔진의 역할을 하였다(Hampel,J.and Renn, O. 1999).

미디어의 발전은 다양한 의견을 사회에 제공하여 건전한 '공론장'을 만들 수 있다는 모범답안적인 예상을 벗어나, 현재 왜곡된 '공론장', '편향된 의견 형성의 메커니즘'을 만들어내고 있음을 확인할 수 있다. 송신자의 자유, 표현의 자유를 크게 확대한 공로를 치하받은 뉴미디어는 정보의 불확실성을 높이고 있다. 정보의 다양성보다 정보의 정확성, 정보의 신뢰성을 먼저 판단해야 하는 '정보의 홍수' 시대는 정보의 불확실성을 크게 높여주는 것이다. 2008년 광우병 보도에 따른 촛불시위, 2011년 미국과의 FTA 체결과 관련한 왜곡된 트위터 정보에서 보듯이 오늘날 뉴미디어는 오염된 정보에 대한 정화 능력을 상실하고 있다는 비판에 직면하였다. 미디어의 자체 정화 능력의 상실은 조작적인 정보의 유통을 높이면서 불확실성을 증대시킨다.

미디어가 수용자들에게 어떻게 불확실성을 높이는지에 관해서 여전히 다양한 논의가 이루어지고 있다(Becker, E and Jahn, T. 2006). 여전히 그 과정에 대한 합리적인 분석은 미흡하다. 미디어는 다양한 상호작용과 과정을 통해서 사회와 소통하며 수용자에게 영향을 미치기 때문이다. 방송통신의 융합과 트위터·페이스북으로 대변되는 소셜 미디어의 발전은 미디어와 수용자의 상호작용의 기본 척도를 변화시키면서 더욱더 많은 불확실성을 증폭시킬 것이다. 이러한 불확실성을 밝히고 미래의 변화를 설명하기 위해서는 더욱더 많은 연구가 필요하다. 특히 위험 커뮤니케이션에서는 미디어의 효과보다는 미디어가 어떻게 영향을 주는지에 대한 연구가 더 많이 이루어져야 할 것이다. 이러한 맥락에서 전문가, PR, 과학자, 저널리스트 그리고 미디어 구조와 역할 연구는 위험 커뮤니케이션 연구에서 우선권을 갖는다.

2장

위험 커뮤니케이션에서 미디어의 역할

COMMUNICATION

> **기술의 영향평가에 대한 미디어 보도는
> 인위적이고 완전히 자의적인 지평선에 기댄 눈먼 비행과 같다.**
>
> 케플링거(마인츠대학 교수)

1. 위험 커뮤니케이션의 기원

위험 커뮤니케이션은 실천행위와 연구영역이라는 두 부분에서 이루어지고 있다. 경고, 재보험, 예측행위, 위협, 설명 등등 많은 행위와 함께하는 실천행위는 매우 오래되었다. 하지만 연구영역이라는 범주는 새로운 것이다. 그래서 우리는 왜 위험 커뮤니케이션이 21세기에 와서 갑자기 중요한 연구대상이 되었는지 생각해 볼 필요가 있다. 새로운 연구 분야는 물론 무無에서 등장하는 것은 아니다. 위험 커뮤니케이션은 위험분석과 이에 대한 새로운 인식에서부터 시작하였다.

  왜 현대사회는 위험 커뮤니케이션에 관심을 두는가? 여기에는 여러 가지 이유가 있다. 첫 번째, 위험관리를 하는 모든 사람들은 삶·건강·환경에 있어서 기술적인 위험을 없앨 수 없다는 것에 동의한다. 사람들은 그 위험을 방지하기 위한 비용증가를 최소한으로 감수하고, 단지 줄일 수만 있다는 생각에 동의하고 있다. 이와 같이 위험과 비용의 균형을 맞추면서 가치판단을 하며, 이를 통해 교환하는 것은 불가피한 행위가 되고 있다. 이러한 가치판단은 정치적 결정에 따르고, 민주사회에서 대중이 의사결정에 참여함으로써 가능하다. 따라서 무엇보다도 공중이 위험을 축소시키는 데 있어서 비용이 필요하다는 것을 이해하는 것은 매우 중요하다. 일반 사람들이 결정 과정에서 적절한 역할을 할 수 있도록 하기 위하여 위험관리자들은 어떻게, 얼마나 자주 기술적인 데이터나 위험을 둘러싼 불확실성이 높아지는지, 또 이에 따라 어떠한 커뮤니케이션을 해야 할지를 알 필요성이 있다.

최근에 위험 커뮤니케이션이 이슈가 되는 두 번째 이유는 위험관리자들이 단독으로 공학적인 통제만을 통해 위험관리의 제한점과 비효율성을 다루고 평가할 수 없다는 것이다. 지난 10년 간 우리는 기술에 대한 낙관적인 평가의 신뢰성을 점점 잃어왔다. 기술 이용자들은 종종 그 기술 시스템을 운영하는 기술자들보다 위험을 더 많이 줄일 수 있다. 그래서 최근에는 삶 속의 작은 행동에서 시작되는 변화가 더 요구된다. 수천억 원의 돈을 투자하여 환경을 바꾸거나 기술적으로 위험을 줄이는 것보다 차에 타면 안전벨트를 매거나 건강을 위해 담배를 끊는 것과 같은 부분이 중요해지고 있다. 그러므로 어떻게 이런 변화가 가능하도록 메시지를 전달할 수 있을지, 그 틀frame을 만드는 것에 대해서 생각해 보아야 한다.

위험 커뮤니케이션을 이슈화시킨 세 번째 이유는 정보공개법이다. 대표적으로 유럽의 세베소 법령Seveso Directive과 미국의 응급조치와 지역의 알 권리법Emergency Planning and Community Right to Know Act을 들 수 있다. 이 법은 공중에게 기업이 가지고 있는 산업기술의 위험성 요소들을 공개하는 과정을 담고 있다. 이러한 법제화에 효과적으로 대응하면서 자사에 위험한 요소들을 적당한 수준에서 공개하려는 기업들은 위험 커뮤니케이션 연구에 많은 관심을 기울여왔다.

네 번째 이유는 미국의 사회과학에서 이루어진 위기분석 연구의 역사와 관계가 있다. 1970년, 많은 기술자와 과학자들 특히 원자력과 관련된 학자들은 일반 사람들의 원자력에 대한 부정적인 태도로 인하여 큰 좌절감을 맛보았다. 또한 원자력 규제를 강력히 촉구하는 환경운동이 활발해지면서 절망감을 느끼기 시작했다. 과학자들은 스스로에게 묻기 시작하였다. 사람들은 왜 다른 비슷한 위험이나 더 큰 위험을 가진 것들보다 원자력의 위험에 민감하게 반응했을까? 과학자나 공학자들은 왜 대중에게 원자력이 사회적으로 유익하다고 각인시키지 못했을까?

결국 과학자와 공학 전문가들은 기술과 위험에 대한 일반 사람들의 태도를 설명하기 위하여 심리학자나 사회학자, 인류학자에게 연구의 문을 개방하였다. 여러 가지 설명이 나왔지만 가장 주목할 만한 것은 위험인지Risk Perception 이론이었다. 이 이론은 전문가를 포함하여 일반 사람들이 위험에 대한 판단을 부정확하게 하는지에 대해서 몇 가지 재미있는 발견을 하였다. 또한 일반 사람들이 어떻게 자주 선택적인지 그리고 그들의 관심이 편향적인지를 알아내도록 하였다. 몇 가지의 탁월한 조사 그리고 인간의 판단과 결정과정에 대한 간단한 실험연구는 여러 가지 사실을 확인시켜 주었다 (Slovic, P. 1987).

이러한 위험인지에 대한 작업들이 흥미롭지만, 이것을 위험관리자와 전문 기술자에 적용하는 것에는 한계가 있다. 전문가와 일반 사람들의 태도 차이에 가교를 놓아 성공적으로 이끌려면, 전문가들은 어떻게 이런 사실들을 응용하여 개선시킬 수 있는지를 알아야 한다. 환경보호법Superfund과 세베소 법령 등의 도움으로 위험인지 연구자들은 위험 커뮤니케이션을 새로운 연구영역으로 편입시키기 시작하였다.

위험 커뮤니케이션에 대한 관심은 불가피하게 우리의 관심을 현대 매스미디어의 기능으로 돌리는데, 그 이유는 위험과 과학기술에 대한 일반 사람들의 정보와 의견 형성이 대부분 미디어를 통해 구성되기 때문이다. 전문가와 산업 대표자들의 메시지는 신문, TV, 라디오, 잡지 등을 통해 일반 사람들에게 전달된다. 화학회사가 자사의 제품에 내재된 위험에 대해 설명하기 위하여 지역사회에 자사 대변인이나 여타 책임자를 보낼 수도 있지만 원칙적으로 현대 사회에서 위험 커뮤니케이션은 매스미디어를 통해 이루어진다.

이런 사실을 인식하면 위험 커뮤니케이션은 더 이상 새로운 연구분야가 아니라는 것을 분명하게 알 수 있다. 위험에 대한 연구가 위험 커뮤니케이션으로 확장하는 데 반세기의 시간이 걸렸다. 이 분야에서 이루어진 연구는 위험 커뮤니케이션을 넘어 위험 이슈를 보다 폭넓게 사회적인 주제로 만들어내고 있다. 위험 이슈는 폭넓게 정치적·정신적·문화적·도덕적 질문들을 포함하는데, 이것들은 매스커뮤니케이션 연구로 재조명되기도 하였다. 체르노빌 재앙은 위험 커뮤니케이션 연구를 학문적인 영역으로 활성화시킨 새로운 계기가 되었다. 2001년 9·11테러는 위험 커뮤니케이션 연구를 전 연구영역으로 확장시켰다.

2. 미디어의 역할과 그 연구의 어려움

유럽과 미국 그리고 아시아 지역의 뉴스 미디어는 기술이나 건강위험을 어떻게 보도하는가? 그리고 그들은 기술이나 건강위험이 동반하는 사회적 문제를 어떻게 보도할까? 넓은 범위에서 우리는 후자의 질문을 통해서 전자에 대한 관심을 이끌어낸다. 우리는 뉴스 미디어, 즉 언론이 무엇을 해야만 하는지에 대한 목적론과 실제로 이루어지는 과정의 현실론이 여러 형태로 갈등하는 것을 목격한다. 이와 같은 갈등은 미디어의 구조적인 특성에 대한 폭넓은 이해를 요구한다. 미디어의 구조가 다양해지고, 사실을 알고 싶어하는 수용자의 관점이 더 다양해지고 있기 때문이다.

사실에 근거한 질문을 해보자. 예상하고 있듯이, 언론의 보도과정은 여러 가지 이유로 복잡하다. 첫 번째, 뉴스 조직은 선진국이나 후진국을 막론하고 모두 자국 정치문화의 틀 안에서 다양한 형태로 의미 있게 작동된다(양승찬 외 2002). 두 번째, '뉴스 미디어'는 획일적이지 못하다. 신문사, 방송사 같은 조직체의 존재는 실제로 다양한 형태로 나타난다. 신문의 경우 일간, 주간, 타블로이드 신문, 정론지 등으로 그 모습에서 큰 차이가 있다. 어느 매체와도 비교를 불허하는 엘리트 정론지인 『뉴욕타임즈』가 있고, 또 다른 예로 선정적인 타블로이드 신문이 모든 국가에 존재한다. 정론지 신문 간에도 그 의미적 차이는 크다.

미디어의 상호관계는 확실히 복잡하다. 여기에는 위험정보에 대한 미디어 보도의 특성을 말해주는, 실증적인 연구를 설계하는 것에서도 큰 차이가 있다. 우리는 영국이나 미국 그리고 독일에서 에이즈 또는 체르노빌에 대한 보도의 방향이 사뭇 달랐음을 볼 수 있다(Peters, H.P. 1987). 어떠한 표준으로 서로를 비교하는 것은 불가능하다. 일반적인 것에서보다 미디어가 보여주는 위험 이슈에 대한 연구는 더 많은 단계의 발전이 필요하다. 그 이유는 일반적으로 해당 국가의 역사나 정치적 문화에 미치는 미디어의 역할에 대한 이해가 필요하기 때문이다.

위험과 환경에 대한 이슈의 보도와 관련하여 최근 흥미로운 연구가 더욱더 많이 이루어지고 있다는 사실은 부정할 수 없다. 그러나 우리가 알기를 원하는 것은 보다 복잡한 모습을 띠고 있다. 본질적으로 우리는 위험 이슈에 대한 다양한 뉴스 보도가 이 같은 이슈에 대한 일반 사람들의 이해와 신념에 어떻게 영향을 주는가를 알고 싶어한다. 우리는 여러 가지 방법으로 이해의 정도를 높일 수 있다. 일련의 비공식적 연구와 단순한 설명 보고서는 체르노빌과 스리마일 섬에서 발생한 원자력 사고, 화학약품, 그리고 라돈과 같은 위험을 주로 많이 다루었다. 최근에 건강위험, 기술과 공학의 위험에 대한 일반적인 미디어 보도와 관련한 연구가 많이 이루어졌다 (Nelkin, D. 1987). 하지만 위험이 정치적 의제가 되고 공공적인 이슈로 전환되는 데 대한 언론의 영향력과 관련해서는 좀 더 체계적인 연구가 이루어지도록 해야 할 것이다.

매스커뮤니케이션 연구는 주로 지금까지 내용분석과 미디어의 효과 연구라는 두 가지 방면에 집중하였다. 내용분석은 매스컴 보도의 특성을 끌어내도록 하였다. 우리는 종종 신문이 이슈를 다루는 방법에 대해서 보도가 편견을 가진다거나 공정하다거나 선정적이라는 의견, 또는 진보적·보수적·좌파·우파라는 고정된 의견을 갖는다. 내용분석은 이와 같은 의견을 테스트한다. 이를 통해 불특정한 대량의 신문과 방송 메시지에 대한 객관적인 판단을 할 수 있도록 한다. 미국에서 발행된 「스리마일 섬의 사고에 대한 대통령보고서와 정보에 대한 공중의 권리Public's Right to Information Task Force of the President's Commission on the Accident at Three Mile Island」는 내용분석의 치밀성을 우리에게 보여주었다(U.S. Government 1979).

연구자는 훈련된 조사자가 신문과 방송에 보도된 기사에서 낱말을 줄여서 비교 가능한 통계수치로 만들 수 있도록 방안을 제시해야만 한다. 예를 들어서 내용분석은 다양한 신문이 사건의 보도에 얼마나 많은 지면을 할애하였는지, 뉴스원이 주당 얼마나 자주 인용되었는지, 제시된 주제에 구체적인 특별한 정보가 표현되었는지 아닌지, 만약 그렇다면 얼마나 자주 그런지를 끌어낼 수 있어야 한다(U.S. Government 1979).

맥락, 배경, 비교, 설명에 대한 양적인 측정량이 없으면 우리는 많은 것을 말할 수 없다. 잘못된 내용분석은 비웃음을 당하기 쉽다. 그러나 스리마일 섬에 대한 보고서처럼 내용분석이 잘 된 것은 언론 보도와 여론의 상호작용을 이해하는 데 유용하다.

정확한 내용분석은 매스컴 보도가 위험에 대한 공중의 인식에 어떠한 영향을 주는지를 알아내려는 우리의 궁극적인 목표를 뒷받침한다. 이러한 경우에 우리는 또한 매스컴 효과 연구가 필요하다. 내용분석이 종종 대수롭지 않은 것처럼 인식된다면, 매스컴 효과 연구의 문제는 매우 다른 차원에서 접근되어야 할 것이다. 그러나 공중 인식과 태도에 뉴스 보도가 엄청난 영향력을 미친다는 사실은 더 이상 논쟁거리가 되지 않는다. 문제는 매스컴과 그동안 영향을 주지 않았다고 생각한 것의 관계를 설득력 있게 만들어야 한다는 것이다.

실증적인 맥락에서 신념과 사고방식이 발휘하는 영향력을 매스컴보다 더 중시하는 것은 중요한 의미를 갖는다. 이것은 실제로는 매스컴의 영향에만 초점을 둔 연구는 결정적인 논거가 될 수 없다는 것을 말하는 것이다. 텔레비전 시청과 폭력성의 상관관계에 대한 수많은 연구는 폭력의 영향이 다른 어떤 것보다 매스컴 보도에 의해서만 야기되었다는 것을 결코 확신시키지 못하고 있다. 일반적인 결론은 이슈에 대한 미디어의 보도와 그 형태를 강조한다. 예를 들어 원자력을 보면, 원자력에 반대하는 사람은 미디어의 보도에 영향을 받을 수도 있지만, 오히려 제3의 영향력이 있음을 강력히 제시한다.

논란이 많은 위험 이슈, 매스컴 보도, 공중 의견 사이의 상호작용을 충분히 이해하기 위해서 우리는 철저하고 상세한 내용분석과 위험 이슈에 대한 매스컴 효과를 연구해야 할 것이다. 우리는 뉴스 보도의 크기가 공중의 의견에 어떠한 영향을 미치는지, 또 어떤 특정한 뉴스 메시지가 공중의 의견에 영향을 미치는지도 알아야 한다. 말할 필요도 없이, 이런 포괄적인 연구는 매우 노동집약적이고 어렵다는 것을 알아야 한다.

3. 미디어 보도와 여론의 관계

케플링거Kepplinger 교수가 수행한 독일 신문의 과학기술 보도에 관한 연구는 위험 커뮤니케이션과 미디어 분야에서 가장 큰 논쟁을 불러일으켰으며 강한 인상을 남겼다(Kepplinger, H.M. and Mathes, R. 1988). 케플링거는 이슈에 대한 미디어 보도에서 세 가지 기본요소를 기반으로 무엇을 고려해야 하는지를 규명하고, 덧붙여 그것들의 관계를 널리 응용할 수 있는 결론을 끌어낸 학자다. 여기서 세 가지 기본요소는 미디어 보도의 내용, 실제성reality, 여론이다. 그의 결론에 여러 가지 비판이 존재하긴 하지만, 우리는 그가 끌어낸 흥미로운 결론을 관심 있게 보아야 한다. 그의 연구는 많은 토론과 논쟁을 촉발시켰다.

다양한 증거를 모아 제시한 케플링거는 공기, 물, 삼림 오염, 방사성 낙진, 치명적인 교통사고와 같은 다양한 기술 이슈에 대한 미디어 보도가 최근 20년 동안 점점 더 부정적으로 이루어져 왔다는 견해를 밝히고 있다. 이 같은 기술 이슈에 대한 객관적인 지표는 개선되거나, 적어도 그 문제가 완화되는 모습을 보였지만 말이다. 예를 들면 다음과 같다.

1960년 말에서 1970년 초까지 라인 강이 엄청나게 오염되어 왔으나 언론은 수질오염을 거의 보도하지 않았다. 언론은 오히려 라인 강의 오염이 줄어들고 강이 재생 능력을 갖기 위한 산소 요구량이 상당히 증가되고 있을 때 강의 수질오염을 강조하였다. 라인 강에 관하여 실제 오염과 보도되는 오염 사이에 대립적인 모순점이 있었다(Kepplinger, H.M. and Mathes, R. 1988).

따라서 케플링거는 미디어는 현실을 정확한 모습으로 전달하지 않는다고 결론 내렸다. 게다가 "이러한 미디어가 만들어내고 서술한 새로운 실제성(미디어의 실제성 묘사)은 공중의 관점에 근본적인 변화를 이끌어낸다."는 결론을 내렸다(Kepplinger, H.M. and Mathes, R. 1988). 그러나 케플링거의 연구가 많은 논쟁을 불러일으키는 것은 사실이다. 이 같은 논쟁을 일으키는 것 중 하나는 미디어 내용에 관한 것이고, 또 하나는 미디어 영향에 관한 것과 관련이 있다. 이 두 가지를 조사해 보자.

미디어의 (부정확한) 실제성 묘사가 여론을 변화시킨다는 케플링거의 증명은 불확실하다는 주장이 있다. 케플링거가 제시한 증명이 일치하지 않는다는 것이다. 왜냐하면 약 1년 정도 미디어 보도에 뒤

떨어지는 여론의 지체 현상이 존재하기 때문이다. 즉 환경과 기술위험에 대한 부정적인 보도는 그것에 대한 부정적인 여론을 더 나중에 야기하였다는 것이다. 그러나 이러한 추론은 아마 인과의 오류 때문일 수도 있다. 저널리스트와 공중 양자는 제3요인에도 반응하는 모습을 보이기 때문이다. 이 경우, 저널리스트들은 실제로는 그리 큰 영향력을 행사하지 않음에도 실제로는 여론의 선동자처럼 보일 수 있다.

메이저는 그의 연구에서 위와 같은 현상은 부정적인 보도내용과 관계없이 논쟁적인 미디어 보도가 양적으로 증가하기 때문에 그에 대한 공중의 반대의견도 함께 증가한다고 주장하였다(Mazur, A. 1981). 실제로 메이저는 전문가들 사이의 의견 불일치를 언론에서 보도하는 것은 기술을 위험한 것으로 보도록 만든다고 하였다. 과학기술에 호의적인 감정과 과학에 반대하는 부정적인 감정을 설사 균형적으로 보도했다 하더라도, 공중들은 안전한 것이 그렇지 못한 것보다 낫다는 결론을 내리는 경향이 있다. 만약 그렇다면 부정적인 공중의 의견을 만들어내는 것은 부정적인 보도 경향 때문만이 아닌 것이다.

메이저의 주장은 「스리마일 섬의 사고에 대한 대통령보고서와 정보에 대한 공중의 권리」의 결론에 의해 지지되었다. 적어도 대책위원회의 내용분석은 스리마일 섬과 관련한 미국 언론의 보도가 과도하게 경고를 하거나 선정적인 비판 행태를 보였다는 비판과 더불어 바로 미디어의 신뢰와 연결되었음을 제시하였다. 내용분석에 따르면 안심시키는 언론 보도와 기사설명이 39%인 데 반하여 걱정을 유발하는 경고적인 기사설명은 56%로 나타났다. 이러한 분석에서 사건이나 특정한 기술에 대한 언론 보도의 증가는 보도 자체가 특별히 부정적이지 않더라도 대중이 느끼는 위험을 심화시킨다는 메이저의 관점을 재차 뒷받침하였다.

언론이 부정적이지 않지만 환경적·기술적 위험보도에 대중이 부정적으로 반응하는 경향이 있다는 견해는 사람들이 부정적이고 긍정적인 메시지에 다르게 반응한다는 것을 시사한다(Kahneman, D., Slovic, P. and Tversky, A. 1982). 이러한 견해는 심리학자들의 위험인식 연구를 통해 사실임이 드러났다. 심리학자들은 어떻게 사람들이 위험 또는 그 발생 가능성을 판단하는지, 그리고 위험과 이익이 동시에 예상되는 과학기술, 정책, 선택적 행위를 어떻게 평가하는지를 실험하였다. 판단과 관련하여 두 가지 관점이 있다.

첫 번째, 사람들은 위험평가와 발생 가능성을 평가하는 데 매우 낮은 경험적인 방법에 의존한다는 것이다. 이것은 사례를 상기시키는 방법인데, 사례를 좀 더 쉽게 연상시키거나 유사한 위험을 좀 더 자세하게 상기시켜서 사람들이 위험을 판단하도록 한다. 물론 작은 위험에 대한 언론 보도는 사례를 좀 더 중요하거나 생생하게 만들어내기도 하고 연상시켜 내기도 한다. 이것은 사람들이 위험을 실제보다 더 크게 판단하도록 만든다.

두 번째, 사람들은 위험의 규모에 관한 것뿐 아니라 특성에 대해서도 걱정한다는 것이다. 분명한 예로 위험이 자발적으로 수용되는 것처럼 보이는지, 아니면 비자발적으로 강요되는지가 있다. 그러나 어떤 위험 특성들은 특별하게 환경과 기술적 사안에 관련되어 있다. 사람들은 기술들에 내재된 위험들이 비극적이고 두려운 것이며, 새로운 것일수록 비슷한 규모로 위험한 기술보다 더 위험한 것으로 인식한다. 그리고 뉴스 보도는 여타 부정적인 메시지와는 또 다른 형태로 이러한 종류의 위험을 강조하여 전달한다.

의사결정 과정에 대한 심리학적인 연구는 긍정적인 메시지와 부정적인 메시지는 다르게 처리된다는 관점을 확인시켜 준다. 이 연구는 사람들이 결론을 도출하거나 의견을 낼 때 어떻게 그 선택의 틀을 만드는가의 중요성을 보여준다. 사람들은 결과나 선택이 긍정적인지 부정적인지의 여부에 따라 준거점을 채택한다. 그러나 이 준거점은 선택의 표현 방식에서부터 영향을 받는다. 무엇보다도 사람들은 준거점과 관련하여 긍정적인 선택의 준거점보다 부정적인 준거점의 선택에 더 강하게 반응하는 경향이 있다. 우리는 이익과 비교되는 안전한 것보다 손해를 피하고 싶어한다. 그러므로 만약 사람들이 과학기술을 삶에 손해를 끼치는 것이라기보다는 가급적 삶을 윤택하게 해주는 것으로 본다면, 기술을 지지하든지 반대하든지 그에 대한 결정에서 이득이 되는 것보다 잃는 것에 더 큰 비중을 둘 것이다.

이러한 사실을 노엘레 노이만Elisabeth Noelle-Neumann 교수와 돈스바흐Wolfgang Donsbach의 연구는 더욱 확실하게 지지하고 있다. 이 두 교수는 정보를 수용하거나 거부하는 데 어떠한 선별적 필터링 행위가 이루어지는지를 탐구하였으며, 선택적인 집중·인지·기억의 절차에 대한 가설을 실험했다. 연구 결과 두 사람은 일반적으로 사람들은 긍정적인 정보보다 부정적인 정보를 더 잘 수용한다고 결론지었다. 예를 들면 과학기술 지지자들은 긍정적인 정보보다 비판적인 정보에 영향을 더 받는다는 것이다(Sandman, P.M. et al. 1987). 다양한 분야의 학자들과 연구자들이 끌어낸 이러한 결과는 사람들이 긍정적인 정보와 부정적인 정보를 다르게 처리한다는 견해를 지지하도록 한다.

케플링거 교수는 신문 보도는 비현실적인 부정성 때문에 실제를 정확히 그려내지 못한다고 주장한다. 케플링거는 저널리스트를 '재잘대는 부정주의의 황태자nattering nabobs of negativism'라고 부정적으로 정의하여 큰 반향을 일으킨 적이 있다(Lichtenberg, J. and MacLean, D. 1988). 이와 같은 관점은 미디어의 적절한 역할과 관련해서 매우 어려운 문제를 제기하였다. 우리는 미디어의 두 가지 기능을 구분해야 할 것이다. 그래야만 이것을 보다 명확히 설명해 낼 수 있다. 먼저 미디어가 위험 이슈를 어떻게 보도하는지를 발견해 내야 하고, 다음으로 미디어가 어떻게 해야 할지를 결정하는 것이다. 케플링거는 미디어는 현실적인 실제를 반영해야 한다고 주장한다. 그러나 이 가정은 비판적으로 검증되어야 할 것이다.

실제로 위험과 커뮤니케이션하는 과정에서 미디어가 무엇을 했는지 살펴보는 것은 미디어가 무엇을 해야만 했는지에 대한 우리의 기대와 긴장 상태를 만들어낸다. 어떻게 보든 미디어가 실제를 정확하게 반영하지 못했다는 비판은 지극히 정당하고 자연스러운 것이다. 물론 미디어는 실제를 반영해야만 한다. 그렇다면 미디어가 편견·왜곡·일방향 일색이라는 점의 대안은 무엇인가?

우리는 지금까지 위험 이슈에 대한 미디어 보도에 문제점이 있다는 여러 학자들의 주장을 검토하였다. 그 주장이란 어떠한 이슈에 대한 부정적 보도는 오염이나 손해와 같은 부정성이 증가하면 그 양과 수가 더 많아진다는 것이다. 물론 흔치는 않지만 미디어의 보도와 관련해서 실제성에 대한 자체의 가이드라인이 존재한다. 그럼에도 위험 이슈는 논쟁적이다. 왜냐하면 위험논쟁은 미래에 대한 불확실한 주장과 관련되기 때문이다. 또한 현재 얼마나 상황이 좋지 않으며, 현 상황과 비교해서 미래의 상황은 어떻게 될 것인가에 대한 사실과 관련해서 특정한 의견 차이가 있기 때문이다. 믿을 만한 통계가 제시되는 곳에서 이 위험 이슈는 사실이 될 수 있다. 스리마일 섬과 체르노빌에서 발생한 사고로 알 수 있듯이, 전에는 결코 일어날 수 없다고 생각되었던 종류의 사고들이 사실 생각보다 쉽게 일어날 수 있다.

우리는 미디어가 기술적인 위험과 여타 건강 관련 위험을 어떻게 보도하는지에 대한 관심에서 이야기를 시작하였다. 본 장에서 우리는 왜 경험적·규범적 이슈들이 복잡한가에 대한 몇 가지 근본적인 이유를 탐색해 보았다. 무엇이 '뉴스로서 가치가 있는지' 그리고 '어떤 실제성이 뉴스 보도에서 반드시 표현되어야 하는지'를 결정하는 것은 본질적으로 어렵고 논쟁의 여지가 많다. 기술적·환경적 위험에 대한 보도는 정치적으로 좌지우지되는 경우가 많다. 미디어는 사회와 정치적 과정의 일부분이고 그저 단순히 정보를 전달하는 것은 더더욱 아니기 때문이다. 미디어가 그저 단순히 전달자의 역할만을 한다는 논리는 정치적인 도구로 이용될 수 있다.

이것은 언론이 중립적인 전달자의 역할만 수행해야 한다는 말이 아니라, 주체의식을 가져야 한다는 것이다. 예를 들어 저널리스트가 정부가 후원하는 에이즈 확산 방지와 관련된 기사를 쓰는 것에 협력한다고 하자. 이 경우 적어도 한 번은 적극적이고 정치적인 역할로 스스로를 바꾸면서 동시에 수동적으로 다른 메시지를 전달할 수 있다.

위험 이슈가 사회적·정치적 논쟁에 휘말릴 때 그러한 논쟁들은 스스로 뉴스가 반드시 다뤄야 하는 실제성의 핵심적인 부분을 형성한다. 미디어가 이러한 논쟁점을 보도하면, 논쟁이 해결되거나 이해관계에 있는 구성원들에게 편안함을 주는 것이 아니라 분쟁을 더욱 심화시킨다. 더욱이 일반 대중을 양극화시키고 혼란스럽게 한다.

우리는 비록 부분적으로만 동의할 수 있겠지만, 부적절한 위험 커뮤니케이션에 대한 인지가 생기는 이유는 기술적인 위험과 특성을 사람들에게 알리는 것이 어려워서가 아니다. 사람들이 부적절한 규범들에 반해서 판단하기 때문이다. 위험 커뮤니케이션은 사회에서 발생하는 피할 수 없는 선택이나 기술의 사용으로 인해 발생한 갈등을 해결할 수 없다(Lichtenberg, J. and MacLean, D. 1988).

캐널Cannell과 오트웨이Otway는 위험 이슈의 정치적 특성과 위험 이슈에 대한 사회의 일치된 의견을 얻어내는 것이 얼마나 중요한지를 강조하고 있다(Lichtenberg, J. and MacLean, D. 1988). 정확한 소통은 이와 같은 대전제를 기반으로 한다는 것이다. 그러나 부분적으로 무엇이 정당하고 정확한 것인지는 격렬한 논쟁의 대상이 되기 때문에 늘 불일치가 발생하고, 이 불일치의 본질은 의사소통 과정의 한 부분으로 이해하는 것이 중요하다. 예를 들어 어떠한 뉴스 정보원을 사용했는지에 따라 어떤 기술적인 위험의 결과와 특성은 편협한 정보를 전달하는 것으로 간주된다. 특정한 화학 관련 사고의 위험을 예측하는 것은 수많은 경우의 수를 통하여 한 곳으로 의견수렴이 이루어지지만, 위험성에 대한 대소 가능성과 관련해서 통계의 의미가 늘 논쟁을 불러일으킨다. 이것은 위험 커뮤니케이션 과정에서 어느 것보다 중요한 부분이 되어왔다.

모든 규범적인 이슈의 저변에는 경험적으로 복잡한 영역이 존재한다. 우리가 규범적인 이슈를 어떻게든 해결할 수 있다고 해도 다양한 방법으로 증명되기를 바라는 기대는 늘 남아 있다. 그래서 뉴스 보도 내용과 일반 국민 대중의 위험 이슈에 대한 시각과 인식에는 차이가 있을 수밖에 없는 것이다. 우리의 논의는 대부분 '사람들은 긍정적인 정보와 부정적인 정보를 다르게 처리한다'는 주장에 근거하여 이루어져 왔다. 그래서인지 우리의 위험 커뮤니케이션 논의는 더 큰 복잡성을 무시하고 있었다.

위험 커뮤니케이션은 한 명의 수용자에 국한된 것이 아니라 다양한 이해관계, 가치, 지식의 차이, 교육, 이해를 가지는 다양한 사람들을 대상으로 이루어지는 것이다(Covello, V., Sandman, P. and Slovic, P. 1988). 수용자들(대중, 환경단체의 구성원, 정치가, 법조인, 정치 관료, 과학자 등등)은 정보를 그들 스스로 모두 다르게 구조화할 것이다. 그들 모두와 단 한 번에 논리적이고 정확하게 소통하는 것이 가능할까? 이것은 매우 논쟁적인 위험 커뮤니케이션에서 제기하는 중요한 물음이다. 예를 들어 소수의 사람들이 어떠한 것을 주장한다면, 그 주장을 일반 대중에게 완벽하게 인식시키는 것은 불가능하며, 오히려 사실을 곡해시킬 뿐이라는 것이다.

이러한 위험 커뮤니케이션 이슈와 관련하여 더 많은 연구가 필요하다. 물론 우리가 탐구해야 할 다른 경험적이고 규범적인 이슈에 대해서도 마찬가지다. 앞에서 서술한 복잡성 때문에 위험 분석가들과 전문가, 정치적 이론가, 철학자와의 협력 역시 큰 의미를 갖는다. 어떠한 상호관계가 위험 커뮤니케이션에서 이루어지는가를 이해하기 위해서는 학제적인 접근이 어느 때보다 더 중요하다.

3장

위험 커뮤니케이션
연구방법론

위험 커뮤니케이션과 관련한 이론 논의들은 짧은 역사에 비해 다양한 편이다. 그것은 위험 커뮤니케이션이 다학문적인 성격을 보유함으로써 여러 학문 분야에서 연구가 이루어졌기 때문이다.

김영욱(이화여대 신문방송학과 교수)

1. 들어가는 말

위험 커뮤니케이션의 처리과정과 어떻게 메시지가 송신되고 수용되는지, 어떻게 갈등이 조정되는지, 그리고 어떻게 결정이 내려지는지 등을 포함한 제 구성과정의 요소들을 알아보는 데는 여러 가지 연구방법이 있다. 이 연구방법 가운데 몇 가지는 커뮤니케이션 조사방법에서 유래하였고, 다른 몇 가지는 심리학·사회학에서 응용되는 조사방법에서 유래되었다. 이 각각의 연구방법은 대부분 각 학문분야의 전통에 기초하고 있다.

위험 커뮤니케이션을 수행하는 사람은 여러 가지 연구방법을 배워야 한다. 각각의 연구방법은 수용자들이 각각 다른 관점에서 위험을 보듯이, 위험 커뮤니케이션을 약간 다른 관점에서 접근해야 하기 때문이다. 송신자는 위험 커뮤니케이션에 대한 더 많은 시각을 이해할 수 있어야 하며, 또한 개개의 상황과 수용자에 맞는 접근방법을 선택할 수 있어야 한다. 그래야만 그들의 위험 커뮤니케이션은 효과적인 결실을 맺을 수 있다. 모든 연구방법들은 위험 커뮤니케이션에 대한 독특한 관점을 개발하는 데 매우 유용하다. 그 관점이 얼마나 폭넓은가에 따라서 그 연구방법은 더 많은 상황에 효과적이며, 수용자들에 대한 이해의 폭을 넓힐 수 있다.

현재 몇몇 연구방법은 위험 커뮤니케이션을 분석하는 데 광범위하게 쓰이고 있지만, 여전히 설명하지 못하는 부분이 많은 것으로 평가된다. 오늘날의 복잡한 위험 커뮤니케이션 상황을 설명하고 송신자(커뮤니케이터)들이 활용하기에는 명확하지 못하다. 위험 커뮤니케이션에서 중요하게 간주하는 쌍방향 커뮤니케이션을 고려해서 더 정교한 모델을 개발해야 한다. 여전히 우리의 연구방법은 전통적인 커뮤니케이션 이론에 기초한 위험 커뮤니케이션의 효과분석을 넘지 못하고 있다. 여기에서는 위험 커뮤니케이션 연구방법에 대한 가장 일반적인 방법을 소개한다. 각 연구방법이 다양한 상황에서 위험 커뮤니케이션의 활용에 어떻게 쓰였는지를 제시하였다.

2. 위험 커뮤니케이션 과정과 연구방법

2.1. 커뮤니케이션 과정으로 보는 연구방법

위험 커뮤니케이션은 전통적인 커뮤니케이션 모델에 기초한 커뮤니케이션 형태를 띠고 있다. 즉, 위험 커뮤니케이션은 메시지를 만들어내는 송신자가 있고, 만들어진 메시지를 채널을 통해 수신하는 수용자를 기본구조로 이루어지고 있다. 예를 들어, 규제관리기관은 송신자로서 어떤 화학약품이 사회가 수용할 수 없는 위험을 준다고 판단하고 그 사실을 언론에 공표하여 여론화시킬 수 있다. 규제기관이 제공한 기사는 여타 뉴스 미디어에 의해 의제로 설정되고, 그 내용은 지역사회의 구성원들(수용자)에게 전달되어 다양한 형태로 수용될 것이다. 위험 커뮤니케이션과 관련된 여러 연구들은 이 모델을 구성하는 요소의 변화가 다른 요소에게 미치는 영향을 규명하기 위하여 각 구성요소의 특성을 분석하는 데 주목하여 왔다. 예를 들어 미국 마켓Marquette대학의 매스 미디어 리서치 센터와 독일의 율리히Juelich 위험 커뮤니케이션 센터는 수신자들이 개인적인 감정에 따라 다양한 채널이 제공하는 정보에 매우 상이하게 경도된다는 사실을 찾아냈다.

위험을 전달하고 이야기하는 송신자는 각각의 모델 요소에서 위험 커뮤니케이션 효과를 이야기하는 데 매우 중요하게 고려된다. 또한 위험 커뮤니케이션 효과와 관련하여 정보원은 의도한 대로 수용자들의 신뢰를 받을 수 있는지, 메시지는 수신자들이 잘 이해할 수 있도록 만들어졌는지, 어떤 채널이 목표한 수용자들에게 메시지를 잘 전달할 수 있는지 등을 탐구해야 한다. 동시에 수신자들의 어떤 태도들이 메시지 수용에 영향을 미치는지를 연구해야 한다. 최근에 위험 커뮤니케이션 과정만이 아니라 결정을 내리는 과정도 잘 평가할 수 있는 효과적인 피드백을 계획할 수 있어야 한다는 주장이 강력히 대두되고 있다. 이 연장선에서 위험 커뮤니케이션을 커뮤니케이션의 한 과정으로 보고 분석하는 연구방법은 송신자, 채널, 수용자의 관계를 세밀하게 분석하는 방법론을 요구하고 있다.

2.2. 미연방연구위원회의 접근방법

미연방연구위원회National Research Council/NRC는 1980년도에 위험의 효과적인 전달과 관련하여 다방면에서 연구를 지원하였다 (NRC 1989). 1980년대는 미국에서 국가 주도의 위험 커뮤니케이션 연구가 싹트기 시작한 시기였다. 다양한 기관의 전문가들로 이루어진 미연방위원회의 연구단 NRC는 몇 가지 결론에 도달하면서, 위험 커뮤니케이션을 다음과 같이 정의하였다.

"위험 커뮤니케이션은 정보 교환의 상호 작용적인 처리과정과 개인, 그

룹, 건강 및 사회의 위험 그리고 잠재적 위험에 대해 연구하는 기관들의 의견이다."(NRC 1996)

NRC는 위험 커뮤니케이션을 '과학적 조직이 기술적인 정보를 알리는 동시에 비과학적인 그룹의 관심과 의견에 대한 정보를 모으는 과정'으로 보았다. NRC는 위험평가, 위험관리, 위험전달을 개선시킬 수 있는 방법을 보기 위해 전문가 집단의 연구를 후원하였다(NRC 1996). 이 전문가 집단은 위험평가는 결정을 알리고 문제를 해결하는 데 집중해야 함을 밝혀냈다. 게다가 위험에 반응하는 사회적 상황에 대한 고려는 위험평가의 시작부터 관리와 전달로 연결되어야 한다는 중요한 사실을 끌어냈다. 이 전문가 집단은 위험평가, 위험관리, 위험전달 사이의 상호 연관관계의 중요성을 강조하였다.

위험 커뮤니케이션을 행하는 사람들은 어느 형태든 성공적인 위험전달을 위하여 정보와 의견의 전달 그리고 기업 집단의 참여를 처음부터 보장해야 한다. 어떻게 이 같은 과정이 성공적인 결실을 끌어낼 수 있는지는 여러 형태의 위험 커뮤니케이션의 결과, 즉 관심이나 여론, 위험의 지각에 영향을 준다. 위험을 전달하고 위험관리를 하는 사람과 더불어 수용자도 반드시 여론 형성 과정과 정보교환 과정에 참여하도록 해야 한다. 정보교환은 적어도 위험정보가 퍼지기 전이나 후에 수용자들의 피드백을 요구하는 형태로 위험 커뮤니케이션 과정에 함께해야 한다는 것이다. 그래서 정보교환은 위험 메시지의 전달 과정에서 가장 어렵고 힘든 부분으로 간주된다. 위기 상황에서는 수용자의 대표자를 데려와 그들의 요구와 관심을 자세히 분석하고 대응할 수 있는 시간적인 여유가 없다. 이런 문제를 해결하기 위한 한 가지 방법은 위기 상황 대비를 위한 노력의 일환으로 잠재적인 수용자와 정보를 즉각 교환하는 것이다. 이 연구 방법은 위험에 영향을 받을 가능성이 있는 사람들과 끊임없는 대화 채널을 유지해야 한다는 사실을 강조한다.

2.3. 정신적 모델 연구방법

사람들이 다양한 현상들을 어떻게 이해하고 바라보는가에 대한 관점을 설명하는 정신적 모델mental models approach은 인지심리학과 인공지능 연구에 기반을 두고 있다(Geuter, G. and Stevens, A.L. 1983). 카네기멜론대학의 연구에 따르면, 정신적 모델 접근은 주로 설득적인 위험 커뮤니케이션에 적용될 때 쓰인다(Morgan, M.G. 2002).

이 연구방법을 이용하여, 송신자는 위험 커뮤니케이션의 대상자인 수용자를 결정한다. 그런 다음 그들은 수용자들과 인터뷰를 하여 수용자들이 어떤 관점으로 그 위험을 보고 있는지 파악한다. 예를 들면, 대중화된 운동 단체 중 하나인 미국 환경보호 단체의 라돈 정보 프로그램에서 조사자들이 수용자들을 인터뷰했는데, 자유답변 식으로 인터뷰를 진행시키면서 질문의 초점을 서서히 좁히고 집중시켰다. 즉 '라돈에 대해 당신이 아는 모든 것을 말해주세요'에서부터, '그것이 당신에게 어떤 영향을 미치는지 좀 더 말해주세요'까지 물어보도록 하였다. 모든 참가자들의 응답은 수용자가 라돈의 노출 경로와 위험성을 어떤 관점으로 보고 있는가에 대한 '정신적 모델'로 분석 가능한 모습을 보였다. 이 정신적 모델 연구방법은 과학자들이 라돈을 평가하기 위해 이용하는 실증적 모델과 비교할 수 있다. 조사자들은 두 모델의 차이점을 검증하기 위해 보다 집중적인 설문조사를 실시했다. 위험 커뮤니케이션 메시지는 수용자들의 지식을 높이거나 모순점을 깨닫도록 하는 형태로 구성되었다. 이 메시지의 구성 의도는 대중들이 과학자들과 같은 생각을 하도록 설득하는 것이 아니라 대중들이 옳은 판단을 하도록 정보를 정확하게 알리는 것이었다.

위험 커뮤니케이션을 하는 송신자들이 수용자들과 진정한 커뮤니케이션을 하기 위해서는 수용자가 이미 그 위험에 대해 가지고 있는 신념이 무엇인가를 이해해야 한다. 위험 커뮤니케이션 메시지는 주요 수용자들에게 설교를 하는 방식이 아니라 수용자들이 가지고 있는 신념이 잘못되었다는 것을 인식시키는 형태로 설명해야 한다. 최소한 세 가지의 형태로 위험 커뮤니케이션이 이루어져야 한다. 바로 헬스 커뮤니케이션, 합의 커뮤니케이션 그리고 위험 커뮤니케이션의 관점에서 수용자들을 분석해야 한다.

헬스 커뮤니케이션은 종종 광범위한 인구를 수용자로 간주하여 행해진다. 그래서 송신자는 위험 메시지를 만들기 위해서 일부 수용자들의 생활방식과 그 특성을 이해할 필요가 있다. 예를 들면, 10~20대의 젊은이들은 여타 연령대에 비해 음주운전 사고를 일으키기 쉽다. 왜, 어떻게 10~20대가 음주 사고를 더 많이 일으키는지를 연구하기 위해서는 이 헬스 커뮤니케이션적인 접근이 유용하다. 합의 커뮤니케이션의 관점에서 송신자는 어떤 문제를 해결하려면 수용자들의 믿음과 관심사를 반드시 이해하여야 한다. 예를 들어, 이 연구방법은 서로 다른 환경에서 생활한 이주민들이 환경을 어떻게 평가하는지, 그리고 이 같은 평가가 위험한 쓰레기의 정화에 어떤 영향을 주는지와 관련해서 매우 유용하게 활용된다.

합의 커뮤니케이션 연구방법은 수용자를 반드시 위험 커뮤니케이션 과정에 포함시켜야 한다는 점을 매우 중시한다. 이 같은 과정은 조직의 특정한 한 부분이 행하는 독백이 아닌 상호간의 의견교환을 강조한다. 그래서 피드백과 해석의 연속성은 효율적인 커뮤니케이션을 행하기 위한 필수 과정이 되는 것이다. 합의 커뮤니케이션의 관점에서 대화는 특정한 집단을 대상으로 송신자가 동의를 구하는 핵심적인 과정이 된다.

로저스와 킨케이드(Rogers and Kincaid 1981) 같은 학자는 위험 커뮤니케이션은 문화·경험·배경과 같은 조직의 가치 속에서 반복되는 장기적인 행위 과정이라고 정의하였다. 그리고 이에 따라 수용자들은 이 과정으로부터 영향을 받는다는 이론을 세웠다. 조직이 정보를 생산하면 수용자들은 그 정보를 가능한 보다 확대시키고 이슈화한다. 이 이슈화는 '우리는 당신을 믿지 않아요' '이것이 뭡니까?' '당신은 내가 무엇을 하기를 원합니까?'와 같은 질문을 확대시킨다. 이 과정에서 각 조직은 정보를 가공하고, 추가하거나 수정하여 재생산시킴으로써 응답한다. 예를 들면, 특정한 관련 집단은 정보를 받고 다시 보내는 순환을 계속하며 서서히 합의의 장으로 수렴하게 된다.

위험 커뮤니케이션의 관점에서는 송신자가 위기를 극복하고 낮추기 위한 방법으로서 수용자의 문화에 대한 이해를 매우 중시한다. 가장 적절한 보기로 1993년 미국에서 발생한 질병을 들 수 있다. 당시 미국 뉴멕시코 북쪽 지방의 애리조나 지역에 질병이 퍼졌다. 이 질병은 한동안 의료 전문가들을 당황스럽게 만들었다. 뉴스 미디어에서 '미스터리한 질병'이라고 불렀지만, 이 질병은 비교적 예방하기 쉬운 것이었다. 감염된 쥐의 배설물에서 나온 입자가 공기를 통해 호흡기로 들어가면서 확산된 것으로 밝혀졌다. 그 원인은 이 지역에서 종교적·문화적인 행동으로서 청소를 하였고, 이것을 한군데로 모아놓았기 때문이다. 이 쓸어모은 쓰레기를 통해 많은 사람들이 감염되었다. 쓰레기 수거 방법을 바꾸고 그 양을 줄이기 위한 캠페인에서 이 위험 커뮤니케이션 연구관점은 유용하게 활용되었다.

위험 커뮤니케이션 접근방법은 위험 커뮤니케이션 송신자로 하여금 수용자들이 적절한 모든 행동을 취하도록 모든 수단을 사용하도록 한다. 홍수나 지진 같은 재난이 발생하였을 때 송신자는 수용자들을 안전한 곳으로 신속히 대피시키는 피난 메시지를 생산해야 한다. 즉, 송신자는 수용자들을 대피시키기 위해 직접 관계가 없는 정보일지라도 수용자들에게 필요한 정보를 주어야 한다는 것이다. 이 연구방법은 송신자가 무엇이 수용자들을 위한 최선인지 알게 하고, 그들의 의견을 최대한 수용하면서 행동하도록 한다.

생화학 테러 공격과 같은 극단적인 공중보건 위협에 직면했을 때 대중들의 정보에 대한 욕구는 매우 높을 것이다. 그러므로 위기 속에서 커뮤니케이션을 하고 있는 송신자나 사람들에게 중요한 것은 설득력이다. 또한 위험에 처한 사람들에게 제공되는 정보는 제한적이어야 한다는 것을 강조한다. 사람들이 단지 '무엇'이나 '어떻게' 가 아닌 '왜'를 알게 될 때 행동이 더 쉽게 변하기 때문이다.

2.4. 사회 구성주의적 연구방법

NRC의 연구방법과 유사하게 사회 구성주의적 연구방법social constructionist approach은 기술적인 정보와 가치, 믿음, 감정의 흐름에 초점을 맞춘다(Waddell, C 2006). 대부분의 연구방법들은 위험평가가 이루어지는 동안 과학 집단이 기술적인 지식을 제공한다는 것을 고려하였다. 또한 수용자나 이해관계자들은 가치와 믿음, 감정과 같은 것을 위험관리 과정에 대한 피드백으로서만 전달할 수 있다고 생각하였다. 그러나 사회 구성주의적 연구방법은 사실 정보의 제공과 전달이 양쪽에서 이루어진다는 입장을 취한다.

예를 들면, 과학 집단도 위험을 평가하고 의사소통을 하는 데 미묘하게 영향을 미치는 가치와 믿음, 감정을 가지고 있으며, 이해관계자들 역시 종종 위험평가와 의사소통 과정에 영향을 줄 수 있는 기술적 지식을 가지고 있다는 것이다. 이 연구방법은 위험 커뮤니케이션의 중요한 의미는 사회적 맥락과 문화가 믿음과 모든 사람들의 행동에 영향을 줄 수 있다는 것을 강조한다. 동시에 이런 맥락을 이해하는 것과 정보, 태도, 가치가 전문가에서부터 이해관계자까지 그리고 역으로 이루어지는 양방향은 더 나은 위험결정을 내릴 수 있다는 점을 강조한다.

2.5. 사회적 증폭 모델 접근방법

위험에 대한 사회적 증폭 접근모델로 불리는 이 연구방법은 사회과학적 관점에서 개발되었고, 슬로비치Slovic와 플린Flynn과 더불어 로저Roger와 캐스퍼슨Kasperson 같은 연구자들에 의해서 발전되었다(Kasperson, R.E., et al. 1988). 슬로비치와 플린은 이 방법론에 소위 낙인stigma이라는 개념을 도입하였다(Flynn, J. et al. 2001). 기본이론은 한 사회적 행위가 종종 기대치 않았던 방법으로 위험한 사건의 결과를 과장시킬 수 있다는 것이다. 호수에 조약돌을 던지면 잔물결은 먼 쪽으로까지 퍼진다. 이와 마찬가지로 하나의 위험은 비즈니스, 규제기관, 공동체 저항, 정당한 행위에까지 영향을 미칠 수 있다. 이 같은 결과들은 산업이나 공동체에 낙인을 찍을 수 있다는 것이다. 예를 들어 특정 산업과 연관된 여타 사람들을 부정적으로 혹은 나쁘게 각인시키는 것이다.

　뉴스 미디어는 늘 위험 결과를 증폭시키는 데 기여해 왔다. 몇몇 대학연구소가 행한 연구에서도 미디어 보도가 종종 위험과 관련된 부차적인 논쟁을 불러일으킨 반면에, 위험 커뮤니케이션에 책임이 있는 정부기관은 보통 이러한 논쟁을 인식하거나 설명하는 데 실패했다는 것을 밝혀냈다(Department of Health of UK). 이 연구방법은 수많은 논쟁을 불러일으켰음에도 위험문제를 해결하고 연구하는 데 유용한 사회과학적 연구방법으로 이용되고 있다. 적어도 이 모델은 커뮤니케이션학적인 차원에서 미디어의 증폭 기능에 관하여 많은 연구관심을 불러일으켰다. 다만 이 연구방법은 수용자의 요구에 대한 완전한 이해를 통해 구체화될 수 있다는 한계점을 갖고 있다.

2.6. 사회적 신뢰 모델 접근방법

사회적 신뢰 연구방법Social Trust Approach은 특히 체베트코비치의 사회과학적인 연구에 근원을 두고 있다(Cvetkovich et al. 2002). 이 접근방법은 정부기관 같은 제도적인 기관의 개인에 대한 신뢰는 개인의 가치와 관련해서 기관의 목표와 설립 동기, 행위에 대한 이해 위에서 형성된다는 것을 제시하였다. 만약 관찰한 행동에 기초하여 위험을 관리하는 조직이 나와 동일한 가치를 가지고 있다는 것을 인식한다면, 위험을 적절히 관리하는 조직에 자신의 신뢰를 심을 수 있는 것이다. 이러한 연구방법에 기초한 연구는 신뢰가 높으면 위험이 더 낮고 장점이 더 많다는 것을 밝혀냈다. 만약 사람들이 어떤 규제기관을 믿지 않는다면 기관과 관련된 부정적인 정보들이 그들의 불신을 강화하고, 반면에 긍정적인 정보의 수용을 줄어들게 한다는 것을 보여준다. 사람들이 기관을 신뢰한다면 긍정적인 정도는 강화될 것이고 부정적인 정보들은 줄어들 것이다(Cvetkovich et al. 2002 참조).

위험통제를 개인적인 수준에서 할 수 있는 것이 아니라고 할 때 신뢰는 더욱더 중요하며, 위험관리와 관련한 대중적인 수용에서 매우 중요한 가치를 갖게 된다는 것이다. 이 전제는 코벨로Covello의 지지를 받는다. 코벨로는 사람들이 위험 상황에서 자신을 인식할 때, 그들은 오직 자신이 신뢰하는 정보원에서 나오는 메시지만을 실천하고 이해한다는 관점을 제시하였다. 코벨로는 또한 믿음과 신뢰도를 높이는 가장 큰 유인 요인은 제도적인 기관이 위험으로부터 수용자를 돌보는 능력과 감정이입이라는 사실을 제시하였다. 위험에 대한 정보가 어떻게 주의 깊게 수렴되고 노출되든지 가장 첫 번째로 믿음과 신뢰가 세워지지 않는다면, 이 위험 커뮤니케이션에 내포된 의미는 해당 정보를 통해서 효과적으로 위험과 의사소통이 될 수 없다는 것을 말하는 것이다. 믿음과 신뢰는 사람들이 위험을 어떻게 인식하고 위험관리 전략에 어떻게 반응하는지와 관련해서 점점 더 중요해지고 있다는 것을 보여주었다.

각 연구방법은 제한점을 갖고 있으며, 상황과 그 메시지의 내용에 따라 다르게 적용되는 것을 볼 수 있다. 위에서 제시한 연구방법 외에 또 다른 새로운 방법론들이 개발되고 있지만 그 적용범위를 넓히고 있지는 못하다. 그럼에도 몇 가지 연구방법론은 새로운 영역으로 자신의 응용영역을 넓혔다. 심리측정학적 연구방법은 위험과 그 결정인자에 대한 인지적이고 평가적인 심리적 형태를 양적으로 서술하는 데 초점을 두고 개발되었다. 이 연구방법은 사람들이 수많은 위험원을 '상황' '행동' '기술' 등과 관련하여 판단한다는 것을 끌어내었다. 이것은 사람들이 상이한 양적인 차원에서 '위험원'을 판단한다는 사실을 제시하였다. 양적인 차원은 '위험과 관련한 자발성' '통제 가능성' '알려진 위험의 정도' '위험원과 관계된 잠재성'과 서로 상관관계가 있음을 강조한다. 슬로비치가 끌어낸 '경악스러운 위험dread risk' '위험의 유명도' '위험노출도'라는 세 가지 요인은 심리측정학적 연구방법의 유용성을 넓히는 기폭제가 되었다. 이와 같은 요인들이 위험인지와 어떠한 관련성이 있는지를 판단하는 데 효과적인 방향을 제시하였다. 그러나 개인적인 위험차원이 사람들의 구체적인 위험판단과 실제로 어떻게 관련을 맺는지는 명확히 설명하지 못하고 있다. 특히 이 심리측정학적 연구방법은 '확률성(피해의 발생빈도)'을 설명하지 못한다는 한계를 갖고 있다.

심리측정학적 연구방법과는 다르게 문화이론적인 연구방법은 위험인지에 영향을 미치는 결정적인 인자를 '인지적이고 감성적인 개인의 과정'이 아닌 사회문화적인 맥락에서 설명을 한다. 문화이론적인 연구방법은 숙명론적·개인적·가부장적·평등주의적인 사회적 맥락이라는 가치지향성에 따라 위험에 대한 인지가 달라지는 것을 설명하고 있다. 한 사회는 상이한 사회시스템을 갖고 있는데, 이에 따라 전형적이고 독자적인 고정된 위험상像을 갖는다는 것이 문화이론적인 방법론의 출발점이다. 위험 커뮤니케이션과 관련해서 문화이론적인 연구방법은 일련의 실증적인 연구에서 위험인지를 설명하기 위하여 노력했지만, 위험인지에 대한 설명력이 매우 낮고 편향되어 있다는 비판을 받았다.

최근에는 판단심리학, 조직 및 관리심리학 같은 영역에서 제시한 '위험인지는 구성'된다는 주장이 각광을 받고 있다. 이것은 문화이론적인 연구방법의 새로운 버전으로 평가받고 있다. 개인의 특성은 지속적인 특징을 갖는 것으로 통칭되는데, 이것은 생각과 느낌, 판단, 행동에 변함없는 영향을 미친다. 그래서 위험인지에 영향을 미치는 개인적인 중요한 특성은 무엇인지, 이와 같은 특성이 한 민족과 문화에 어떻게 분포되어 있는지를 밝혀내는 일련의 연구가 다

양하게 이루어지고 있다. 스웨덴, 노르웨이, 덴마크에서 이 연구가
활발히 이루어지고 있다. 독일의 율리히 연구소는 위험인지 연구에
감성적인 차원을 폭넓게 접목시키는 연구를 수행하고 있다. 이 연구
소에서 제시된 여러 연구 결과는 위험판단과 편익판단에 존재하는
여러 형태의 역설적인 관계가 개인이 특정한 기술이나 행위에 연계
된 감정의 폭과 폭넓게 연계되어 있음을 확인시켜 주고 있다. 바로
위험과는 객관적으로 아무런 관계가 없는 감정적인 과정이 위험의
인지에 효과적인 영향을 미친다는 것을 제시하여 주고 있다. 이것은
위험인지에서 감성이 현저한 의미를 갖는다는 것을 암시하며, 이제
시작단계에 있는 연구방법이지만 위험 커뮤니케이션 연구를 한 단
계 끌어올리는 데 기여할 것으로 평가된다. 위에서 제시하였듯이 위
험 커뮤니케이션 연구는 여러 가지 방법론의 개발을 통하여 그 영
역을 확대하고 질적인 차원에서 향상을 가져왔지만, 새로운 연구방
법론을 통하여 해체되고 새롭게 해석되는 모습을 보이고 있다. 이렇
게 새롭게 제시되는 연구방법론과 모형은 어떤 위험인지가, 어떠한
척도로 상황적인 조건에 좌우되며 이해할 수 있는지를 밝히는 데
초점을 두고 있다.

4장

위험 커뮤니케이션에서
믿음 그리고 신뢰

현대사회의 구조와 사건은 전통이나 관습이 아니라 결정에 귀속된다. 우리는 그것을 신뢰할 것인지 아닌지 결정해야 한다.

루만(독일 사회학자)

---

1. 들어가는 말

인간 행동과 행태의 잠재적인 영향에 대한 지식 그리고 잠재적인 재난 가능성이 높은 기술에 대한 신중한 사용 요구는 위험을 관리하고 규제하는 제도적인 대응을 발전시켰다. 원자력에 대한 뜨거운 토론은 가장 대표적인 보기의 하나이다. 최근에 위험이 다양해짐에 따라 새로운 패러다임에 대한 정치적인 의제설정이 이루어지고 있다. 이것은 인류와 생태계를 위협하는 주된 위험원을 어떻게 지속가능한 사회의 틀에 맞게 합법화할 수 있는가에 중점을 둔다. 어떻게 사회가 위험관리에 대처할 수 있는가에 대한 질문은 새로운 사회과학적인 연구의 주제가 되었다(Beck 1986; Luhmann 1986). 수십 년 간

사회적인 과정과 변화를 지배해 오던 좌파와 우파 사이의 전통적인 권력투쟁은 여전히 좌파와 우파라는 두 집단 안에서 정파를 이루고 있을지라도(Huber 1984), 그 모습은 크게 달라지고 있다. 산업파와 환경파 간의 격렬한 대립각은 이제 수용과 합의의 관계로 서서히 바뀌고 있다. 일반적으로 정치적인 패러다임의 전환은 사회적 자원 분배의 측면, 특히 권력, 특권, 신뢰, 사회적 구조 등에서 새로운 사회의 변화를 동반한다. 이에 따라 정치적인 담론 공간이 크게 변화하고 있는 것을 볼 수 있다. 사회적인 위험을 다루는 공간 역시 큰 변화를 경험하고 있다.

위험 커뮤니케이션은 사회적이고도 정치적인 특정 공간 안에서 대중이 높은 관심을 보이는 통상적인 주제와 관련해서 일어난다. 이 공간은 특정 계층을 위한 정치적인 가치 추구와 다른 가치 시스템, 그리고 생활양식과 관련해서 위험(관리)에 대한 상징을 만들어내면서 갈등을 만들어낸다. 무엇보다도 위험 개념의 확률론적인 본질 그리고 위험분석과 위험관리에 사용된 아주 많은 과학적인 모델은 위험과 위험관리에 대한 전문가의 이해와 일반 사람의 직감적인 인식 간에 많은 차이가 있음을 인정하고 있다.

이러한 공간에서 커뮤니케이션은 여러 심각한 문제에 직면한다. 이 문제가 대부분의 사람들이 거의 이해할 수 없고 엘리트주의적인 모습을 나타내는 것이라면 어떻게 송신자들이 사용하는 전문적인 기준을 정당화할 수 있을까? 송신자들은 기존의 기술, 사회, 정치 공동체에서 볼 수 없던 이율배반적인 위험이 초래하는 심각성을 어떻게 생각하고 대처할 수 있을까? 어떻게 송신자는 일반인들이 확률적인 정보처리 과정에서 의존하곤 하는 직감에 의한 휴리스틱 heuristic을 처리할 수 있을까? 사람들이 그 메시지 수용에 이해관계를 갖고 있다면 어떻게 송신자는 신뢰의 분위기를 만들어낼 수 있을까? 여기서 믿음과 신뢰는 중요한 공간 요인으로 전환이 된다. 이 연장선으로 본 장에서는 믿음과 신뢰에 관한 심리학적인 논의를 요약하여 제시한다. 이것은 위험 커뮤니케이션에서 중시되는 믿음과 신뢰를 이해하는 데 필요한 관점을 보여줄 것이다.

2. 믿음과 신뢰에 대한 개념적 틀

믿음trust과 신뢰credibility에 대한 과학적인 주요 연구 결과를 제시하기 전에, 이 글에서 사용하는 몇 가지 용어에 대한 설명이 필요하다. 우선 우리는 '위험 커뮤니케이션'이 의미하는 것이 무엇인지 명시해야 한다. 그리고 믿음과 확신, 신뢰에 대한 여러 정의를 논해야 할 것이다.

코벨로, 폰 윈터펠트, 슬로비치(Covello, von Winterfeldt, Slovic 1986)가 내린 위험 커뮤니케이션의 정의를 사용하면, 위험 커뮤니케이션은 '이해집단 간에 건강 그리고 환경 위험과 관련하여 이루어지는 목적

지향적인 정보의 교환'으로 정의될 수 있다. 더 명확하게 말한다면, 위험 커뮤니케이션은 집단 간에 이루어지는 a) 건강과 환경 위험의 수준에 대한 정보의 전달, b) 건강이나 환경 위험의 중요성이나 그 의미에 대한 정보의 전달, c) 건강과 환경 위험의 관리 또는 통제를 목표로 하는 결정, 행동, 또는 정책에 대한 정보의 전달이나 전송 활동이라 할 수 있다.

이해집단에는 정부, 공공기관, 법인, 산업단체, 조합, 대중매체, 과학자들, 전문기관, 공익단체, 그리고 개인 주민들이 포함된다 (Covello, von Winterfeldt, Slovic 1986). 이와 같은 정의는 건강과 환경의 측면에서 이루어지는 위험 커뮤니케이션의 주제에 그 범위를 제한시키고 있다. 그렇지만 이것이 건강과 환경 위험에 대한 커뮤니케이션 과정으로 촉발된 제2·제3의 효과 연구를 배제시키는 것은 아니다. 오히려 심리학적·사회적·정치적인 반향의 관점에서 볼 수 있는 커뮤니케이션 결과는 위험 커뮤니케이션 분석에 꼭 필요한 요소로 인정되고 있다(Kasperson et al. 1988). 여기서 제한점은 커뮤니케이션이 무엇인지만을 언급하는 것이고, 커뮤니케이션이 사회적이고 심리학적인 과정에서 촉발할 수 있는 효과를 언급하지 않았다는 것이다.

위험 커뮤니케이션이 추구하는 명백한 목적 가운데 믿음을 얻거나 지키는 것은 자주 언급되고 있다(Covello et al. 1986, Zimmermann 1987, Renn 1986). 하지만 위험 커뮤니케이션을 다룬 대부분의 논문에서 믿음이라고 말하는 것이 무엇인지, 믿음직한 관계라고 하는 것이 어떤 것인지를 정교하게 제시해 주지는 못하고 있다. 그래서 믿음이라는 단어의 의미와 함의에 대한 좀 더 폭넓은 이해가 무엇보다 필요하다. 믿음에 대한 학자들의 견해는 대개 다음과 같다.

    a) 다른 사람들이 원하는 것이 무엇인지를 찾으려는 확신적인 행위이다(Deutsch 1973).

    b) 개인이 일반적으로 취하는 기대인데, 이것은 개인이나 단체가 한 말, 약속, 구두 또는 문자로 쓴 표현 약속이다(Rotter 1980).

    c) 미래에 발생할 수 있는 것에 대해 개인이 기대하는 주관적인 가능성과 관련된 일반적인 기대를 말한다(Rempel, Holmes, and Zanna 1985).

    d) 사람이나 물건에 굳건하게 의존하는 것을 말한다(Webster's Dictionary).

이 같은 정의는 송신자가 보내는 정보의 신뢰도와 메시지의 출처가 신뢰성 있고 완벽한 정보를 주고 있다는 수용자의 확신을 강조한다. 커뮤니케이션의 맥락에서 믿음을 정의하는 데 있어 다음과 같은 정의는 수용자 중심을 넘어서서 송신자까지 아우르는 양방향을 제시한다.

믿음은 수용된 메시지가 사실이며 믿을 수 있다는 기대, 그리고 송신자가 정확하고 객관적이며 완벽한 정보를 전달함으로써 능숙함과 정직함을 입증하고 있다는 일반적인 기대를 말한다(Renn 1984).

비록 믿음과 신뢰는 종종 바뀌어 쓰일 수 있지만, 시간이 지나면서 더욱 지속되는 믿을 수 있는 경험으로서의 믿음과 신뢰는 구별된다. 이에 맞추어 신뢰는 사람이나 기관으로부터 믿을 수 있는 정보를 받는다는 주관적인 기대를 의미한다. 만약 믿음에 가치를 둔 정보원이 오랜 기간 동안 그 역할을 충실히 해낸다면 사람들은 정보원에 신뢰를 준다. 많은 사람들이 그러한 커뮤니케이션 정보원에 신뢰를 주고 공유한다면, 그들은 이 출처에 대한 확신을 높여줄 것이다. 믿음·신뢰·확신confidence, 이 세 가지 용어 모두 메시지나 정보원의 질에 대해 판단하는 것을 암시한다. 그래서 이것은 모두 인지perception에 기초하는데, 이런 인지는 기관의 특수한 구조와 수행적인 특성과 연관지을 수 있다(Midden 1988). 이 용어들을 좀 더 실용적으로 이해하려면, 믿음·신뢰·확신이라고 간주되는 것의 주된 속성을 이해해야 한다. 이를 위해 다음과 같이 다섯 가지 요소로 구성되는 믿음의 구조를 제시해 볼 수 있다.

a) 인지된 역량 : 메시지나 출처에 부여된 기술적 전문지식의 정도

b) 객관성 : 다른 사람들이 인식하는 정보 편견에 대한 크고 작음

c) 공정성 : 모든 관련 있는 관점에 대한 적합한 재현과 지식

d) 일관성 : 과거 경험과 이전의 커뮤니케이션 노력에 기초한 논쟁이나 행동의 예측

e) 신의 : 구성된 정보에서 '좋은 의지'의 인식

믿음은 일반적으로 위에서 제시한 다섯 가지 요소를 따르지만, 한 속성이 부족하면 또 다른 속성을 높이면서 보완될 수도 있다. 객관성이나 공정성을 이루어낼 수 없다면, 그 메시지의 공정성과 출처의 좋은 의도가 담긴 신의는 대체물로 보완될 것이다. 일관성은 믿음을 얻는 데 끊임없는 행동 대응에 필요한 역할 모델을 끌어낸다. 사회적 관계자들이 유사하거나 동일한 상황으로부터 일치하지 않는 반응을 경험한다면 믿음은 발전할 수 없다.

확신은 예전부터 계속해 왔던 좋은 커뮤니케이션 행위에 기초한다. 무엇보다 정보원의 실행능력, 일의 수행에 관한 모습, 커뮤니케이션 기능들은 확신을 형성하는 주된 속성들이다. 정보원에 대한 사회적 지원은 확신을 발생시키고 지탱하는 보강 기능을 갖는다. 게다가 목표와 목적이 있는 수용자의 가치와 조화를 이루면 확신을 강화하게 된다(Luhmann 1973).

믿음과 확신은 정보원에 대한 신뢰를 높이는 데 필수적인 조건들이다. 신뢰도는 장기간에 걸친 결과이자 증거이고, 새로운 요구에 대한 역량과 공정성, 유연성, 그리고 임무 수행과 의사소통 노력의 조화가 근원인 공유된 경험이다. 판단기준은 사회적 인식에 기초

한다. 이러한 인식은 또한 그것이 사회적으로 기대된 역할을 충분히 수행하는가 여부, 대중의 요구에 기관이 얼마나 개방적인가 하는 구조적 요인에 좌우된다. 따라서 진정한 인식 요인(이미지 측면)과 구조적 요인(사회적 인식에 영향을 받는 기관의 특징 또는 특성)의 구별이 가능하다. 믿음·신뢰·확신, 이 세 가지 요인은 사회기관이 활동하는 기존 사회를 단결시키고 각 요인을 유기적으로 결합시킨다.

이와 관련해서 분석적인 목적을 위해 출처와 상황에 좌우되는 믿음·확신·신뢰성의 차이를 들여다볼 필요가 있다. 다음과 같이 다섯 가지 차원으로 분류해 볼 수 있다.

a) 메시지에 대한 믿음

b) 송신자에 대한 확신(개인적인 매력)

c) 정보원 인식의 결과로서 확신과 신뢰(기관의 이미지와 명성)

d) 기관의 업무 결과로서 확신과 신뢰(구조적 변수)

e) 믿음이 구축되는 거시사회적 분위기

'메시지' 지시문은 능숙함·공정성·일관성·신뢰의 인식에 영향을 미치는 모든 변수들을 포함한다. 외관·매력·스타일·감응과 같은 개인적인 변수들은 수용자에게 전달하는 믿음이나 확신에 영향을 미친다. 게다가 이러한 변수들은 기관의 업무, 수용 가능한 이미지, 메시지의 평가, 수용자에 의한 송신자의 수용에 영향을 미친다.

3. 심리학적인 연구에서 본 믿음과 신뢰

개인간의 상호작용은 의사소통 과정에서 공통의 의미를 공유하기 위하여 사람들간의 믿음에 크게 의존한다. 따라서 믿음은 사회적 상호작용과 함께 불확실한 상황에서 방향을 제공하는 주된 방법이며, 예측 가능한 의사소통의 결과를 만들기 위한 최소한의 전제조건이다. 이런 의미에서 믿음은 행동 반응의 범위를 제한하여 복잡성을 감소시키는 매개이기도 하다. 하지만 반대로 합법성과 적절함에 대한 토론이 없이 이루어질 때 개인간의 상호작용인 믿음은 복잡성을 높이는 매개가 되기도 한다.

정상적인 통제구조의 지름길로서 (특정한 사회 관계자에게 믿음을 부여하여 긍정적 경험에 기초한) 믿음과 신뢰는 사회 임무에 능률적이고 경제적인 행위를 유도하는 강력한 매개가 될 수 있다. 루만은 현대 사회의 주된 구조적 변수로서, 사회 기능을 구별하도록 돕는 눈에 띄는 매개 요소 중의 하나인 믿음에 초점을 맞추었다(Luhmann 1973). 하지만 믿음은 사회적 상황에서 끊임없이 검증되며, 이로 인해 수많은 불확실성이 전개된다. 예를 들어 한 행위자가 소중한 사회자원인 믿음을 남용하였다면, 업무 수행에 대한 엄격한 통제가 생길 것이다. 그러므로 사회 행위자에게 믿음의 구축은 점점 구조화되는 사회적 틀이 되고 있다. 이 사회적 틀 외에 영향을 주는 심리학적인 모습은 우리가 연구해야 할 새로운 영역을 제시한다.

3.1. 믿음과 신뢰의 심리학적 요인

태도와 태도변화에 대한 심리학적 연구는 어떠한 조건하에서 정보 수용자가 송신자에게 신뢰를 보내는지와 관련해서 빛을 발하고 있다. 이 같은 연구 결과는 일상적으로 설득의 틀 안에서 논의된다. 즉, 메시지의 어떤 요소나 의사소통 맥락이 메시지의 설득적 효과를 증가시키거나 감소시키는지, 그리고 어떤 메시지 요소가 기억되고 의견이나 태도의 변화를 일으키는지와 밀접히 연결되어 있다.

이와 같은 연구 결과를 이야기하기 전에, 오해를 피하기 위해 이 연구가 갖고 있는 제한점과 한계점을 언급해야 한다. 태도변화와 관련된 대부분의 연구는 주로 학생을 모집단으로 하여 실험하였다. 그리고 대부분의 실험은 제한된 특정한 주제에 한하여 이루어졌다. 따라서 이를 통해 밝혀진 관계는 다른 주제 또는 수용자에게 영향을 미치는지와 관련해서는 여타 분야에 적용하기가 명확하지 않다는 것이다.

1950년대와 1960년대에 이 같은 실험이 많이 이루어졌다. 이 시기에는 믿음과 신뢰에 대해서 현재 분위기와는 상당히 다른 사회적 환경이 존재하였다. 예를 들어 송신자로서 전문가를 다룬 실험은 1960년대 초에 상당한 설득 효과가 있었던 반면에, 최근 실험은 전문가 본인의 사회적 인식과 이슈에 대한 사회적 논쟁의 존재 여부에 좌우되는 모호한 결과를 보여준다. 그래서 좀 더 특별한 연구가 이 영역에서 이루어질 때까지 이것을 위험 커뮤니케이션에서 응용하기 위해서는 몇 가지 가설에 기초할 수밖에 없는 조심스러운 모습을 한다. 이 같은 연구 결과의 대부분은 실험연구에 기초하기 때문이다. 이 실험연구는 의사소통의 설득력을 높이는 요인들을 다음과 같이 제시하고 있다.

a) 정보원(정보출처)의 매력 : 이 매력은 정보원과 수용자의 유사성, 정보원에 대한 호감도, 물질적 매력으로 구성된다.

b) 정보원과 함께하는 수용자의 공감 또는 감정이입 : 이것은 정보원 또는 그 동기를 검증하기 위한 수용자의 가능성을 언급한다.

c) 정보원의 신뢰 : 여기서 검증되는 구성 요소들은 역량, 전문성, 객관성, 공평, 형평성이다.

d) 정직한 동기에 대한 의심 : 수용자는 의사소통 노력의 뒤에 있는 의제나 동기를 인지하지 못한다. 의사소통을 높이는 원천의 힘은 주로 수용자의 구성과 주제에 크게 좌우된다.

이러한 통찰적인 소견들은 거의 직관적으로 볼 때 그럴듯해 보인다. 그 메시지가 정직하고 정확하고 공정하며 그리고 송신자가 쉽게 일체감을 갖도록 호감이 가는 사람이라면, 송신자는 수용자에게 지속적인 인상을 남기기 쉽다. 하지만 어떻게 실제 삶의 상황에서 수용자에게 이러한 인상을 남기는지가 어려운 문제이다. 우리는 메시지

구성의 효과와 이것이 좀 더 나은 설득 능력을 찾는 데 과연 어떠한 요인이 함께해야 하는지에 대하여 보다 많은 연구 결과를 제시해야 할 것이다. 여전히 우리는 가설 단계에서 벗어나지 못하고 있다.

3.2. 메시지 구성과 개인적 호소력

불행히도 우리는 신뢰를 높이거나 메시지의 설득력을 증가시키기 위한 비책을 제시하지 못하고 있다. 하지만 과거 20년 간 흥미롭고 때로는 직관에 상반된 결과를 내놓기도 했던 심리학 연구는 의사소통의 개인적 스타일과 메시지 구성의 설득 효과의 상관관계를 밝혀내고 있다. 이러한 연구 결과들은 '메시지'와 '개인적 요소'의 두 가지 항목을 이렇게 요약하고 있다. 직관에 반한 요소들 몇 가지는 특별한 언급이 필요하다.

a) 과학자 또는 의견지도자opinion leader와 같은 높은 신뢰성을 갖는 정보원은 더 많은 의견 변화를 만들어내지만, 메시지 학습에서는 별다른 차이가 없다. 메시지 학습은 태도나 믿음의 존재보다 메시지의 유사성과 관련이 있다.

b) 인지된 전문지식은 많은 요소에 좌우된다. 지위, 학력, 기술적 권위, 시대, 사회적 계급의 인식들이 그러한 요소들의 일부이다. 송신자의 전문지식이 대중에게 도전을 받는다면, 사람들은 전문지식보다는 집

단적인 판단에 대한 믿음을 선호하는 경향이 있다.

c) 공정함과 사회적 지위 둘 다 객관성의 부족을 보상하는 변수들이다. 비록 누군가 특정한 관점을 가지고 주장하거나 또는 송신자가 이 주제에 관심을 가진다는 것을 사람들이 인식하는데도 잠재적 반론에 형평성 있게 보이는 정보를 제공한 송신자의 메시지를 믿거나 신용을 높일 수 있다.

d) 싫어하는 정보원을 경청하는 것에 대한 동의는 태도변화의 가능성을 증가시킨다. 비록 정보원의 호감이 설득적인 효과를 높이기는 하지만, 마음에 들지 않는 정보원을 들으려는 경청은 수용자가 정보원과의 의사소통보다도 메시지에 집중하도록 동기부여를 한다. 여기에 관련된 심리학적 구조는 인지부조화라 불린다.

이러한 통찰들은 모두 송신자를 훈련시키고 의사소통 프로그램을 설계하는 데 도움을 준다. 하지만 대부분의 결과들이 다소 인공적인 실험실 환경에서 성취되었기 때문에 특정한 위험 커뮤니케이션의 활동에 접목시키기에는 효과적이지 않다는 생각을 가질 수 있다. 하지만 설득 연구에서 끌어낸 다수의 연구 결과들이 위험 커뮤니케이션에 임하는 개인적 경험과 매우 잘 맞는다는 것을 설득 자료를 통해서 확신할 수 있다. 그러므로 이러한 연구 결과는 더 효과적인 의사소통 프로그램을 설계하는 데 유용한 단서를 제공하며, 위험 커뮤니케이션에서 믿음과 신뢰를 바탕으로 한 제도화 연구가 필요함을 말해준다.

5장

위험 커뮤니케이션
전략과 문제점에 대한 고찰

RISK

COMMUNICATION

**사회적 체계는 순간적으로 일어났다가 사라지는
소통사건으로 구성되어 있다.**

노진철(경북대 사회학과 교수)

1. 위험 커뮤니케이션의 목적기능

위험에 대한 커뮤니케이션은 네 가지 목적기능을 갖는 것으로 구분해 볼 수 있다. 첫 번째 목적기능은 무엇인가를 서술하는 관점과 관계를 가지며 위험의 실상을 묘사하는 것이다. 바로 커뮤니케이션을 통해 위험을 객관적으로 표현하고 평가하는 것이다. 이 표현과 묘사는 상이한 위험에 따라 상이한 형태로 묘사가 이루어지는 매우 가변적인 모습을 띤다.

두 번째 목적기능은 경고하는 관점과 관계를 갖는다. 위험 커뮤니케이션은 수용자에게 인지적·감성적 영향을 미치거나 또는 행동과 관련해서 어떠한 영향을 주려는 의도를 갖고 이루어진다. 예를 들어 석면의 사용에 경고를 하는 것이나, 원자력발전소에 저항하기 위하여 주민들을 끈끈하게 조직화시키는 것을 들 수 있다. 또한 공포심을 갖는 주민을 안정시키기도 하는 것이다.

세 번째 목적기능은 송신자의 정체성을 그려내는 것과 관계가 있다. 바로 송신자를 신뢰할 수 있고 역량이 있는 것으로, 그리고 객관적인 모습으로 간주한다. 그렇기 때문에 기업은 위험한 시설이 있는 지역의 주민들에게 기업이 위험에 책임을 갖고 함께 대처하며, 이윤 추구뿐 아니라 지역의 번영과 함께하는 모습으로 보이도록 노력하는 것이다.

네 번째 목적기능은 관계를 잘 유지하는 관점과 관련이 있다. 커뮤니케이션을 통해 행위자들간의 관계가 정의되거나 변화된다. 예를 들어 공중과의 관계를 통해서 어떠한 결정의 과정에까지 참여할 수 있는 것이다. 실제 커뮤니케이션 과정에서 이 네 가지 목적기능은 서로 중첩적으로 연결되어 있다. 위험 문제의 성격과 위험 커뮤니케이션의 목적에 따라 단지 강조하는 것이 달라질 뿐이다.

2. 위험 커뮤니케이션의 목적과 문제영역의 관계

대개 위험이라는 주제는 다음과 같은 과정이나 생명주기를 갖는다. 맨 처음에 '비판적인 학자'가 예상 가능한 위험을 제시한다. 그 다음에 환경단체와 여타 단체가 이 같은 관점을 확대시키는 엔진의 역할을 하고, 위험을 드라마틱하게 만들고 정치화시키는 연대를 형성한다. 이러한 과정에서 미디어는 위험에 대해 관심을 보이기 시작한다. 미디어는 환경단체와 같은 집단의 행위를 공적인 광장으로 이끌어내고, 이와 같은 방법으로 새로운 추종자들을 만들어낸다. 이외에 미디어는 또 다른 광장으로 이것을 전달하는 기능을 발휘한다. 유럽이나 미국에서 이루어진 환경운동은 우리나라에도 영향을 주면서 그러한 움직임을 확대시킨다. 후쿠시마 원전사태는 전 세계적으로 영향을 주었고, 특히 독일의 주州 지방선거에 결정적인 판단 요인이 되었다.

엄청난 사회적 파장을 불러오는 '비판적 사건'과의 연관성에서 위험주제는 폭넓은 공적인 관심을 받게 된다. 우선 이 관심을 불러일으키는 시기에 산업체의 대표자나 정치인은 특정한 태도를 취한다. 이들은 주로 성명서를 발표하는 등 반응을 단순하게 나타낸다. 그래서 주도권은 비판적인 사람의 손에 놓여 있게 된다. 위험주제의 확산과 관련해서 우리는 여러 형태의 요인이나 사건으로부터 영향을 받는다. 미디어의 보도보다 특정한 개인의 저작물이 더 큰 사회적 영향력을 발휘한다. 화학물질, 명확히는 DDT와 관련해서 레이첼 카슨Rachel Carson의 『침묵의 봄』(1962)은 위험논쟁을 일으킨 대표적인 저작이다. 로마클럽의 보고서는 환경과 관련한 위험논쟁을 학술적인 중요 영역으로 편입시켰다. 1970년대 독일에서 벌어진 원자력에너지 논쟁과 관련해서 융크Jungk의 원자력국가(Atomstaat, 1977)는 큰 파장을 가져왔다. 또한 기후변화와 관련해서 엘 고어의 『불편한 진실』(2006)도 전 세계적으로 엄청난 반향을 불러일으켰다.

원자력발전소의 고장이나 선박의 충돌 특히 유조선의 좌초로 인한 해양오염의 폐해와 같은 '비판적 사건'은 이 같은 위험문제의 강도를 강화시켜 주는 결정적인 요인이 된다. 세베소 사고, 보팔 사고, 낙동강 페놀 사고는 화학물질과 관련된 대표적인 것이며, 체르노빌, 스리마일 섬, 후쿠시마 원전폭발 사고는 원자력의 위험문제를 불러일으키면서 위험이 일정 공간을 넘어 글로벌한 차원에서 함께 연결되어 있다는 각성을 주었다. 녹색 유전공학과 관련해서 유전자조작 식품은 식품의 안정성에 대한 문제의식을 높여주고 있다. 이외에 기후변화와 관련해서 오존층 파괴와 이에 따른 피부암의 발생 위험, CO_2 감축 협상, 해수면 상승, 북극과 남극의 빙하문제는 위험논쟁을 일상적인 주제로 만들어냈다. 21세기가 시작되면서 더욱 가속화된 글로벌화는 위험주제를 더 넓게 확산시켰다.

특히 환경연합과 같은 시민단체에 의한 사회적 강제는 정부가 좀 더 이 위험문제에 관심을 갖도록 하였다. 이명박 정부가 추진한 4대강 사업은 수많은 사회단체와 정치권에 위험문제가 정치적인 주제가 될 수 있다는 사실을 크게 깨우쳐주었다. 위험주제는 한국 사회에서 점점 더 시민권력과 국가권력을 충돌시키는 공적인 장이 될 것이 분명하다. 미디어는 이러한 와중에 위험에 관심을 불러일으키고, 논쟁을 확산시키고, 위험한 기술을 사회적으로 수용하는 데 우리가 무엇을 고려하고 생각해야 할지 방향을 제시하는 기능을 하였다. 태안 유조선 사고는 우리의 미디어가 위험과 관련해서 어떠한 기능을 발휘했는지를 제시해 주는 분수령이 되었다. 21세기가 시작되면서 우리의 미디어는 위험주제를 심도 있게 다루기 시작하였다. 화학물질, 원자력발전소와 같은 위험주제에 대하여 여러 시민단체가 목소리를 내었으며, 특정한 연구기관이 이에 대하여 많은 관점을 제시하였다. 그러나 위험주제의 하나인 기후변화는 시민단체가 제기하는 '밑으로부터의 압력'과는 다르게 정부 주도로 공적인 장에 나왔다.

기후변화는 정부·산업계·민간단체가 함께하는 위험주제의 특성을 갖는다. 여기서 보듯이 위험주제는 그 성격에 따라서 논쟁의 구조와 질적인 차원이 달라지는 것을 볼 수 있다. 지구온난화에 따른 기후변화는 심각한 위험주제임에도 우리나라에서 위험인지에 별다른 변화를 가져오지 않고 있다. 오히려 원자력발전소 문제는 일본 원전사고의 영향으로 더 예민한 주제가 되고 있다. 지구온난화는 멀리 있는 일이고, 원자력에너지는 바로 실생활에 밀접히 연결되어 있기 때문이다. 앞으로 당분간 원자력발전소의 건설문제는 우리나라의 사회적 위험논쟁에서 더 격렬한 모습을 띠게 될 것이 분명하다. 유럽의 원자력 포기라는 정책 모델과 대체에너지 정책에 대한 열띤 추종이 시민단체를 중심으로 강화될 것이 분명하기 때문이다.

원자력의 위험에 대한 논쟁은 공적인 장에서 양극단화되는 모습을 보일 것이다. 충돌이 되는 지점은 원자력에너지가 지구온난화를 지연시키는 데 얼마나 효과적인 청정에너지가 되느냐의 문제이며, 우리가 어느 정도의 위험을 사회적으로 수용할 수 있는지에 대한 합의와 밀접히 연결되어 있다.

정부나 기업은 위험주제와 관련해서 두 가지 사회적인 의견의 형성과정에 직면하고 있다. 바로 하나는 수용의 문제이고 다른 하나는 가치 불합치이다. 우리나라에서 위험주제는 수용의 문제보다는 가치의 문제인데, 그 원인은 한국 사회가 현재 극단의 가치복수주의를 지향하는 정파성이 강화되고 있기 때문이다.

위험 커뮤니케이션과 관점 비교

문제의 관점	예상되는 원인	주된 전략
수용의 문제	정보의 부족 일방적인 정보선택의 강요 신뢰의 상실	정보의 제공 믿음과 신뢰를 높임
가치의 문제	사회에 존재하는 가치복수주의	협력 갈등관리

수용의 문제라는 관점은 우선 원자력에너지 문제와 연결되어 있

다. 원자력발전소에 대한 부정적 인식의 증가는 원자력의 평화적 이용이라는 근본적인 목적에 대한 저항과 반감의 확산 때문이다. 원자력 찬반논쟁이 격화되는 원인은 공중의 위험인식이 예전보다 더 다양한 관점에 의해서 형성되기 때문이다. 미디어가 다양한 구성으로 이 주제를 보도하면서 그 정보의 스펙트럼이 다양해졌기 때문이다. 비슷한 수용의 문제가 화학물질이나 생명공학기술과 관련해서도 나타나고 있다. 미디어 보도의 형태가 다양해지면서 위험수용에 대한 논쟁도 변화하고 있는 것이다. 특히 공중이 비합리적으로 특정한 기술에 대한 평가를 하게 되면서, 각종 기술의 장점과 사회적 편익의 관점은 완전히 도외시하고 위험인지를 감성적으로 한다는 것이다. 최근에는 이 불완전한 수용을 신뢰의 문제로 보는 시각이 대두되고 있다. 수용은 기업이나 관공서의 신뢰를 높이고 믿음을 강화시키는 측면을 더 중요하게 생각해야 한다는 것이다.

기술에 대한 반대를 가치의 문제로 바라보는 것도 다양한 사회결사체들이 취하는 관점이다. 주로 위험 커뮤니케이션의 관점에서 전문적으로 사회과학적인 연구를 수행하는 연구기관이 이 같은 관점을 대변한다. 또한 사회적인 가치복수주의를 인정하고 시민단체나 환경단체와 협력을 인정하는 관공서가 이에 동참한다. 그리고 주로 보수적인 사회결사체가 공격적인 갈등관리 전략으로 활용하면서 이 같은 위험논쟁을 자신의 관점에 유리하게 이끌기 위하여 이 관점을 지지한다.

3. 위험 커뮤니케이션 전략의 목적과 수단

위에서 논한 방향에 따라 네 가지 전략을 끌어낼 수 있다. 첫 번째는 정보전달 전략이다. 두 번째는 믿음과 신뢰를 개선하거나 높이는 전략이다. 세 번째는 갈등관리 전략이다. 네 번째는 협력 전략이다. 이것을 좀 더 자세히 설명하면 다음과 같이 세부적으로 제시할 수 있다.

3.1. 정보전달 전략

정보전달 전략은 정보격차나 정보부족을 없애고 위험에 대한 잘못된 가정假定에 수정을 가하도록 하는 목적을 갖고 있다. 이 전략적인 행위의 모든 것은 서술이나 표현의 관점에 중점을 둔다. 경고와 같은 것은 간접적인 형태로 서술한다. 특히 위험의 크기에 영향을 주는 특정한 준거를 선택할 때에는 이와 같은 모습을 취하도록 한다. 위험 커뮤니케이션을 다루는 사회과학자나 정치인은 위험논쟁을 객관화시키고 탈감성화시키려는 노력을 한다. 기업은 공포심을 완화시키는 데 주력하는 모습을 취한다.

이와는 반대로 사회적인 결사체와 유사하게 어떠한 것을 요구하는 시민집단은 위험에 대하여 공중이 관심을 갖도록 유도하고 그들에게 경고하는 모습을 시도한다. 위험에 대한 정보는 상이한 형태로 다루어진다. 비판자는 피해의 규모와 관련하여 그 범위를 폭넓게 잡는 반면에, 찬성자나 옹호자는 이 범주를 제한하려고 한다. 그래서 정보전달 전략은 위험의 유형이나 범위에 대한 것만을 파악하여 다루는 것이 아니라, 위험주제의 여타 관점을 포함하여 논해야만 한다. 여타 관점을 제시하면 아래와 같다.

위험 커뮤니케이션의 차원

관점의 차원	초 점	행위형태
1 차원	세계관	표본적인 해석과 이미지의 서술 및 표현
2 차원	가치관과 철학	확률적인 위험분석의 원칙 설명과 표현
3 차원	방법론	위험평가의 방법에 대한 정보의 제공
4 차원	위험	위험에 대한 질적·양적인 표현과 설명

첫 번째 차원은 특정한 관점에서 기술을 제시하고, 기술의 인지와 평가에 영향을 주는 세계관을 주제화시키는 관점이다. 이것은 소위 말하는 도덕적인 커뮤니케이션과 관계가 있다. 예를 들어 원자력 에너지를 삶의 유지에 꼭 필요한 것으로 서술하고, 특히 에너지 공

급문제 그리고 또한 국민경제의 성장이라는 관점에서 그 당위성을 설명하는 것이다. 화학물질 영역에서 말하는 '세계는 화학물질로 구성되어 있다, 화학 없이 세상은 없다'는 캠페인은 표본적인 해석과 이미지를 표현한 것이다. 여기서 화학산업은 그들 고유의 강령이 제시하는 대로 다소 논쟁적인 방어 전략을 구사하는 것을 볼 수 있다.

두 번째 차원은 가치관과 철학을 그 중심에 둔다. 여기서 이야기하는 것은 불안정성과 불명확성을 다루는 원칙에 대한 정보다. 주로 문제되는 것은 다음과 같은 것이다.

(1) 기술적인 위험은 근본적으로 피할 수 없는 것인가?

(2) 기술이 새로운 질적인 수준에 올랐는가?

(3) 우리는 예전보다 더 위험하게 살고 있는가?

(4) 기술적인 위험에 책임을 지고 함께하기 위하여 어떠한 가능성이 존재하는가?

(5) 어떻게 기술적인 위험을 평가할 것인가?

(6) 특정한 분석과정, 예를 들어 확률적인 위험분석이 적합한 것인가?

이 같은 질문에는 원칙적으로 두 가지 입장이 서로 마주하고 있다. 긍정적인 의미에서 기술관료적인 입장은 항상 불안전한 상태이지만 이것은 가능한 평가할 수 있고 이 입장 자체를 최소화시켜야 한다는 것에서 시작한다. 다른 입장은 불안전성 하에서 어떠한 결정을 해야 하는 기술은 모두 폐기하든지, 아니면 안전성이 있는 어떠한 결정의 통제 밑에 두어야 한다는 관점에서 바라본다. 이 같은 기술결정은 기술의 사회적 발전을 촉구하고, 어떠한 경우라도 위험이 잠재적으로나마 존재하지 않도록 정치적인 의지가 담긴 정치권력의 문제로 파악되어야 한다.

세 번째 차원은 위험평가의 방법론과 관련이 있다. 위험평가의 체크리스트를 제안하고, 그것을 정성적인 방법qualitative method으로 파악하는 것이 이에 해당한다. 공중의 관점에서 우선 평가방법에 대한 이해 그리고 이것을 평가할 수 있는 능력, 위험 커뮤니케이션에 일반 사람들이 참여할 수 있는 능력을 높이는 것이 중요하다. 주로 비판자들은 평가방법의 관점과 관련된 정보를 제공받아야 한다고 요구한다. 비판적인 사회연구기관과 학자들이 이에 해당한다.

마지막으로 네 번째 차원은 위험에 대한 질적·양적인 표현 그리고 설명과 관련이 있다. 가장 핵심적인 것은 적합한 위험척도와 위험비교의 선택을 어떻게 적절하게 수행하도록 하느냐에 놓여 있다. 국제원자력기구인 IAEA가 채택한 원자력 사고 크기를 규정하는 소위 'Nuclear Event Scale' 같은 것을 예로 들 수 있다.

위험에 대한 현재의 정보행위를 네 가지 차원에서 분류하여 보면 첫 번째 차원과 네 번째 차원은 공중과의 커뮤니케이션이 중요하다는 것을 무엇보다 강조하고 있다. 두 번째와 세 번째 차원은 위험 커뮤니케이션을 크게 요구하지 않으며, 주로 전문적인 세계나 영역에 정향되어 있음을 볼 수 있다.

3.2. 믿음과 신뢰를 높이는 전략

믿음이나 신뢰를 높이는 전략은 위험 커뮤니케이션이 내포하는 문제점을 불완전한 수용이라고 전제한다. 정보전달 전략과는 다르게 이 전략에서는 문제점의 원인을 믿음이나 신뢰의 상실에서 찾고 있다. 관공서, 정치인, 기업, 학자는 위험에 대한 논쟁에서 신뢰를 상실한 것과 자신들이 보내는 메시지가 신뢰를 받지 못한다는 것에 대하여 하소연을 한다. 관공서, 정치인, 기업, 학자는 신뢰와 믿음을 잃어버리지 않는 시민단체, 환경단체, 비판적 학자와 이러한 점에서 구별이 된다. 이 같은 관점과 주장은 실증적인 데이터가 증명한다. 고용지표에 대한 정부의 발표와 삼성경제연구소나 경실련의 발표를 들을 때 어떠한 기관의 발표를 더 신뢰할까? 2011년 경제성장지표와 관련된 발표에서 한국은행보다 삼성경제연구소의 예측이 더 정확했음을 볼 수 있다. 대다수 국민이 정부의 물가대책을 신뢰하지 못하는 것은 믿음이나 신뢰를 높이는 위험 커뮤니케이션 전략이 왜 이 시대에 중요한지를 보여준다.

위험논쟁에서는 기업, 행정관공서 그리고 정치인의 편에서 상대적으로 일방적인 전략이 우세하게 이루어진다. 이는 대개 위험을 책임 있게 다룰 수 있다는 독자적인 기술적 역량과 능력을 제시하는 데 근거한다. 이와 같은 모습은 종종 믿음과 신뢰가 여타 다른 요인에 영향받는다는 사실을 잊어버린다. 이 여타 다른 요인에는 개방성, 객관성, 여타 다른 의견과의 관계에서 형평성, 말과 행동의 일치성 그리고 사회적 가치에 대한 정향성 등이 있다. 위험논쟁에서 사회적 가치에 대한 정향성은 무엇보다도 중요한 의미를 갖는다. 일반적으로 학자들은 기업이 신뢰를 잃어버리는 이유를 기업이 자신의 권한만 제시할 뿐 사회적 이해관계의 변화와 가치정향성을 충분히 고려하지 않는다는 데에서 찾고 있다(Barber, 1983).

신뢰와 믿음을 회복하기 위한 수단으로 '방문의 날 제정', 환경단체와 소통 프로그램의 제시, 시민단체와 밀접한 인물의 고문위촉, 생산 공정의 혁신을 약속하는 협약 제시와 같은 함께하는 커뮤니케이션 전략을 활용할 수 있다. 최근에는 이 믿음과 신뢰를 얻기 위하여 신문과 방송을 이용하는 광고기획을 활용하고 있다. 4대강 사업과 관련하여 수자원공사가 벌인 캠페인, 원자력 기관의 신문광고는 위험을 통제하는 기관의 변화된 신뢰 획득 전략을 보여준다. 체르노빌 사고 이후 독일의 원자력발전소는 인근주민과 대화하는 일련의 프로그램을 적극적으로 활용하였다. 후쿠시마 원전사고의 충격이 엄청남에도 우리의 원자력 관계기관은 이 같은 프로그램을 (아직까지) 기획하지 못하고 있다. 여천공단의 수많은 화학기업 역시 이 같은 믿음과 신뢰 전략의 유용성에 대한 이해가 매우 낮다.

3.3. 갈등관리 전략

갈등관리 전략은 독자적인 이해관계 사이의 충돌이나 이해관계를 조정하여 성취하는 것에 정향되어 있다. 때에 따라 부안 사태처럼 최후의 비상수단으로 국가공권력이 투입되기도 한다. 갈등이 발생하고 충돌이 이루어지기 전에 위험한 기술을 둘러싼 정치적인 갈등의 경계선을 정하거나, 혹은 의견 형성 과정에 영향을 주려는 일련의 커뮤니케이션 행위와 같은 투쟁전략이 존재한다. 예를 들어 미디어에 영향을 주는 '뉴스 매니지먼트' 전략은 다양하게 구사되고 있다. 이외에 사회과학적으로 그 토대를 만든 심리적인 논쟁과정의 방법이 존재한다. 관공서나 산업체가 단독으로 이 같은 갈등관리를 통제할 수 있다고 생각하는 것, 환경단체와 시민단체가 이 같은 갈등관리 전략을 잘 관리할 것이라고 간주하는 것은 잘못이다.

이 같은 잘못된 전략을 수정하는 데 이용할 수 있는 공식적인 커뮤니케이션 수단을 위험 커뮤니케이션에 특화된 형태로 찾는 것은 쉽지 않다. 최근까지 방송을 통한 광고 전략을 찾는 것은 매우 드문 일이었으나, 매스컴과 함께하는 양방향 커뮤니케이션을 제도화하고 활용하는 것은 점점 더 중요해지고 있다. 각 나라마다 이 제도화는 매우 다른 모습을 하고 있으며, 전문가의 목소리를 정치권으로 끌어들여서 제도화하는 방법에는 여러 형태가 있을 수 있다. 일례로 독일 의회의 소위 '앙케트 위원회Enquete Kommission'는 원자력, 기후변화, 정보통신기술, 유전공학에 대한 전문가의 의견을 모아서 위험주제를 공중과 소통시키는 제도가 되었다.

이 위원회는 기술영향평가도 함께 시행하고 있다. 이 위원회의 방법은 위험의 가치를 평가하고 조사하는 수단일 뿐만 아니라, 전문가의 지식을 정치에 접목시키는 커뮤니케이션 통로의 역할을 하는 것이다. 기업이 행한 위험 커뮤니케이션의 제도화는 독일의 게르링Gerling사가 세운 기업환경위험분석센터인 그립스연구소Grips-Institut를 들 수 있다. 우리나라에서 위험과 갈등을 연구하는 독자적인 연구소를 운영하는 기업은 없다. 삼성의 지구환경연구소만이 이 위험 커뮤니케이션의 문제를 일시적으로 다루었다. 위험 커뮤니케이션의 제도화는 아직 많은 투자가 이루어지지 않고 있는 시급한 과제가 되고 있다.

3.4. 협력 전략

협력 전략은 민주화된 사회에서 기술에 대한 논쟁이 상이한 정보원에 따른 단독 결과가 아니라 무엇보다도 다양한 가치지향성에 기인한다는 점에서 시작한다. 여기서 추구하는 것은 갈등을 해결 가능한 상태로 그 관계를 만들어내는 것이다. 핵심적인 사항은 환경단체나 산업체, 행정기관의 공동 이해관계를 끌어내어 인정하는 것이다. 이 협력 전략은 상이한 범위에서 실행에 옮겨질 수 있다. 우리나라에서 이 전략의 예를 찾아보기 힘들다.

기술과 그 기술의 위험을 둘러싼 논쟁 그리고 위험 커뮤니케이션의 상이한 전략은 그 자체가 분석의 대상이 되었다. 최근에 등장한 '생태적인 커뮤니케이션'은 이 연장선에서 많은 관심을 불러일으키고 있다(이남복 1996). 여기서 우리의 관심을 끄는 것은 미디어의 역할에 대한 비판적인 평가다. 문제점으로 지적되는 것은 자연환경 논쟁과 위험논쟁의 이데올로기적인 방향성, 기술위험에 대한 지나친 과장, 정치적 목적을 위한 기술공포의 남용, 미디어를 통한 잘못된 정보의 전달을 들 수 있다.

미디어의 역할에 대한 비판과는 달리 산업체의 위험 커뮤니케이션에 대한 비판은 기업체가 정보를 제대로 전달하지 않으며, 잘못된 정보를 전달한다는 것에 놓여 있다. 이해집단이 요구하는 것은 바로 '알 권리'의 확대이다. 이 알 권리의 확대는 이미 1990년대부터 중요한 주제가 되었지만 아직까지도 여전히 뜨거운 논쟁이 되고 있다. 이 알 권리의 작동방식이 상호 이해를 도모하는 데 정향된 것이 아니라, 단순히 공시적公示的인 형태로 소위 메타커뮤니케이션을 하기 때문이다. 알 권리에 대한 요구는 위험 커뮤니케이션의 전략을 새로운 차원으로 올려놓은 사회적 위험에 대한 제도화로 평가된다.

4. 위험 커뮤니케이션의 개선을 위한 연구

위험 커뮤니케이션을 더 효과적으로 만들기 위해서는 사회과학적인 연구방법을 새로이 도입해야 한다. 이 새로운 연구 전략은 위험 커뮤니케이션의 문제점을 확인하고, 분명하게 하고, 그 개선을 위한 방법론 탐색을 목표로 삼아야 한다. 개선된 위험 커뮤니케이션은, (1) 중대한 위험문제 극복의 수단을 다양하게 준비하도록 여러 가지 원천을 극대화시키는 것을 도와야 한다. (2) 공중의 위험인식을 좀 더 중요한 문제로 전환시키도록 도와야 한다. (3) 공포심을 줄이고, 이를 통해 위험이 낮은 행동을 유도하고, 이것을 강화시키도록 해야 한다(Covello et al. 1989).

위험과 변화된 관계를 갖도록 하는 이 같은 목표 외에 위험 커뮤니케이션의 개선을 하나의 과정으로 인식해야 한다. 동시에 공중의 근심과 공포에 대한 이해를 개선시키는 것이 요구된다. 또한 위험한 기술의 도입을 결정하는 과정에 공중을 참여시키는 참여 유형을 발전시키는 것도 필요하다. 여기에 위험평가에 대한 체크리스트를 불안정성, 결정 과정과 관련하여 위험평가의 질적인 차원에서 만들어내는 것은 무엇보다 중요한 과정이다. 이와 관련해서 목표집단을 정확히 끌어내고 묘사하는 것은 빼놓을 수 없는 커뮤니케이션 과정이다. 미국의 화학산업계는 공중과 위험 커뮤니케이션을 하는 방면에서 매우 고도화된 접근방법을 발전시켰다(Chemical Manufactores

Association, 1988).

위험 커뮤니케이션 연구의 차원에서 신뢰와 믿음의 문제는 특히 강조되는 분야이다. 이 신뢰와 어떻게 함께해야 할지에 대한 논의는 다양한 논쟁에서 찾아볼 수 있다(Peters 2008). 신뢰의 문제를 어떻게 다루어야 할지에 대한 것과 관련하여 몇 가지 참조할 연구 결과들이 있다. 그러나 여전히 이 문제는 충분히 다루어지지 않고 있다. 신뢰에 대한 위험평가의 방법과 관계를 갖는 가치평가의 문제에 있어 어떠한 것을 다루는 역량 외에 형평성과 개방성은 큰 의미를 갖는다. 그래서 신뢰 획득과 함께하는 가치 문제에서는 상이한 가치관과 세계관에 대한 이해를 발견하는 것이 무엇보다 큰 의미를 더하게 된다. 믿음과 신뢰의 문제는 다양한 가치관과 맥을 함께하고 있기 때문에 더욱더 다양한 해법이 요구된다.

유럽과 미국에서 최근 10년 간 위험 커뮤니케이션에 대한 연구가 크게 증가하였다. 이론적인 분석과 개념은 여전히 실제적인 응용보다 더 정교하게 이루어지고 있다. 그러나 이에 대한 평가는 여전히 미흡하다. 지난 20년 동안 이루어진 위험 커뮤니케이션에서 추구한 개선연구는 충분히 이루어지지 않았기 때문에 실증적인 검증의 차원에서 전략과 방법의 효율성을 탐구하는 노력이 긴요하다.

여러 기술영역에서 이루어지는 위험 커뮤니케이션의 차이점은, (1) 위험 커뮤니케이션의 범위에 영향을 주며 동시에 특정한 전략의 응용을 규정하는 갈등의 세기, (2) 전략의 수립에 영향을 주는 정치적·상징적인 조건의 맥락, (3) 위험 커뮤니케이션의 핵심을 규정하는 기술특화적인 문제 상태에 달려 있다. 지난 10여 년 간 위험 커뮤니케이션은 주로 원자력과 화학산업 영역에서 이루어져 왔다. 동시에 질병과 관련하여 헬스 커뮤니케이션의 한 부분으로 위험 커뮤니케이션이 새로운 연구영역으로 등장하였다.

2005년 이후 우리나라에서는 지구온난화와 정보통신 영역에서 발생하는 위험문제가 위험 커뮤니케이션 영역으로 새롭게 편입되었다. 선거관리위원회에 대한 디도스 공격, 보이스 피싱, 스마트폰을 통한 위치추적 등과 같은 정보통신기술을 이용한 위험의 발생을 위험 커뮤니케이션의 차원에서 접근하는 시각이 요구되고 있다. 유럽에서는 매우 뜨거운 위험 커뮤니케이션 주제인 생명공학에 대한 논의가 우리나라에서 매우 제한적인 것을 볼 수 있다. 원자력에너지 문제는 '위험에 대한 커뮤니케이션'의 문제점을 끌어내는 페달의 역할을 하였지만, 여전히 소통 차원의 논쟁에서 그 범위와 쟁점의 사회적 강도는 중심에서 벗어나 있는 것을 볼 수 있다. 이것은 우리 언론의 의제설정 기능과도 밀접한 관련이 있다는 추측을 끌어낸다.

위험주제는 우리나라에서 너무나 빠른 생명주기를 갖고 있다. 그래서 다양한 요인과 연계된 위험 커뮤니케이션의 사회적 압력은 협력적인 갈등해결 전략의 구사를 좌우한다. 원자력 논쟁과 정보통신의 위험논쟁에서 이것이 확연히 드러나는 것을 볼 수 있다. 어떤 방법에 의해 위험주제가 발생하고, 위험 커뮤니케이션 전략이 어떠한 성공을 가져오는지는 이 같은 사회적 압력 외에도 상이한 조건들에 의해서 좌우되고 영향을 받는 것을 볼 수 있다. 이 상이한 조건 가운데 중요하게 열거되는 것에는 갈등의 가치, 근본적인 안전요구에 대한 부가적 행위, 상징적인 사회적 가치, 기술적인 대안의 존재 여부가 있다. 기술의 위험 특성에 따라 이 상이한 조건은 다른 모습을 한다. 원자력이나 생명공학 같은 고도의 정치적 갈등가치는 부가적으로 논쟁 주제나 문제를 축적시킨다.

이 같은 것은 내용 면에서 기술보다는 상이한 정치집단간의 권력다툼과 영향력의 발휘라는 정치사회적인 요인에 영향을 받는다. 근본적인 안전요구는 도덕적인 논쟁을 끌어내고, 기술 전문가의 전문성이 힘을 잃어버리도록 한다. 원자력발전소의 사고처럼 손해의 발생, 생명이나 건강과 직접적으로 관계가 되면, 이것은 사회문화적인 것보다 더 큰 사회적 비중을 차지한다. 기술의 상징적인 사회적 가치는 개별적인 기술위험에 따라 가능한 상이한 토론을 어렵게 만든다.

요약하여 보면, 위험 커뮤니케이션은 상징적 가치, 정치적인 갈등가치 그리고 근본적인 안전요구의 행위에 따라 크게 좌우되어 발전되어 왔음을 확인할 수 있다. 동시에 위험 커뮤니케이션은 법적인 틀에 따라서 크게 제한되고 있다. 그래서 이 위험 커뮤니케이션의 효과를 높이기 위한 연구는 여러 요인에 좌우되는 것을 확인하고,

그 전략적인 효과성을 높여야 할 것이다. 이 전략적인 효과성은 다음과 같은 것에 영향을 받는다.

(1) 인식된 사회적인 문제의 강약, 즉 인지된 행위 요구의 크기
(2) 행위자(당사자)의 문제인식, 행위자의 문제해결 습관, 전략적인 목적의 설정
(3) 주제의 순환주기에 따른 위상, 예를 들어 도전적인 주제가 강화되어 논증적인 대화나 논쟁이 더 이상 불가능한 단계의 경우
(4) 어떠한 내용적인 핵심관점이 주제를 지배하고 있는가? 예를 들어 손실, 손해의 크기, 잠재적인 위험이나 가정되는 위험의 크기 등

위의 논의에서 폭넓은 위험 커뮤니케이션 연구를 위하여 다음과 같은 핵심적인 관점을 끌어내어 제시할 수 있다.

(1) 위험 커뮤니케이션 전략은 내용적으로 상이한 핵심주제에 따라 차별적으로 적용되어야 한다. 이것은 임계치, 확률과 심각한 사건, 불명확성에 대한 커뮤니케이션의 전제조건을 가정되는 위험과 구분하는 것을 의미한다.
(2) 위험 커뮤니케이션 연구는 이제 좀 더 위험한 기술을 둘러싼 갈등과 관련해서 제한적인 합의를 고려해야 할 것이다. 논쟁에서 합의의 가능성을 이야기하는 것 대신에, 불합치에 대한 사회적인 논의를 끌

어내는 것이 더욱더 실질적이다.

(3) 위험 커뮤니케이션 연구는 어떠한 구조적·조직적·정보적인 장애
요인이 위험한 기술에 대한 정보와 결정을 개선하는 데 놓여 있는
지를 탐구하고 이것을 조사해야 한다.

(4) 동시에 기술위험을 둘러싼 논쟁에 대한 개별적인 관점을 조사하고,
이에 따라 해결방법을 개발할 뿐만 아니라 새로운 갈등해결의 가능
성에 대한 표본적인 시도에 중점을 두는 것도 중요하다.

(5) 위험 커뮤니케이션의 성공과 실패 여부를 결정하는 조건에 대한 지
식을 획득하기 위하여 폭넓게 위험 커뮤니케이션의 전략을 평가하
는 방법을 개발하는 것이 중요하다.

위험 커뮤니케이션 연구는 산업사회의 근본적인 사회적 문제와
관련을 맺고 있다. 그래서 사회과학적인 연구는 위험 커뮤니케이션
을 부분적인 문제나 제한된 범주로 접근해서는 안 된다. 중요한 것
은 위험 커뮤니케이션의 문제영역을 밝히는 것이며, 단방향적으로
연구영역을 제한해서는 안 된다는 것이다. 위험 커뮤니케이션 연구
는 사회적으로 상이하지만 기능적으로 엮여 있는 부분 시스템을 조
정하기 위해 준거틀을 만들어내야 한다(Luhmann, 1984). 위험 커뮤니
케이션 연구는 점점 더 다양한 부분 시스템과 연결되며 그 복합성
이 증가될 것이 분명하다.

6장

여러 기술 분야에 걸쳐 나타난
위험 커뮤니케이션의 모습들

COMMUNICATION

위험은 근대화 자체가 유발하고 도입한 위해와 불안을 다루는
체계적인 방식으로 정의될 수 있다.

울리히 벡(뮌헨대 사회학과 교수)

1. 들어가는 말

위험 커뮤니케이션이란 무엇인가? 매우 간단한 질문이지만 답변은 그리 쉽지 않다. 왜냐하면 위험 커뮤니케이션은 과학과 기술의 급속한 발전에 따른 다양한 사회적 결과를 연구하는 새로운 분야이기 때문이다. 과학과 기술의 복합성만큼이나 위험 커뮤니케이션은 다양한 사회적 의미를 가지면서 학제간 연구를 필요로 한다. 그래서 위험 커뮤니케이션은 위험에 대한 확인 작업, 평가, 측정, 관리와 연계된 모든 커뮤니케이션 과정을 포괄적으로 다루는 새로운 분야로 정의된다. 예를 들어 신문기자가 화학물질이나 유전공학, 원자력에 관한 기사를 쓴다면, 그는 이미 위험 커뮤니케이션에 관여하고 있는 것이다.

그런데 기술이나 재난을 보도하던 행위는 예전부터 있어왔는데, 왜 갑자기 이러한 것을 위험 커뮤니케이션이란 새로운 연구영역으로 개념화하고 범주화하는가? 왜냐하면 위험논쟁은 바로 지속가능한 사회와 성장이라는 비전과 맞물려 있기 때문이다. 독일의 사회학자 울리히 벡Ulrich Beck이 쓴 『위험사회—새로운 근대성을 향하여』라는 책은 글로벌화로 나타나는 '실질적인 위험'의 생산과 분배에 대한 문제점을 다루었다. 이러한 문제점 외에 무엇보다도 공중, 관련 당사자, 미디어 등의 관계를 커뮤니케이션의 차원에서 다루는 학문분야가 바로 위험 커뮤니케이션인 것이다.

1980년대 이후에 기술과 재난에 관한 위험 커뮤니케이션은 사회적으로 큰 반향을 불러일으켰다. 바로 새로운 기술들이 등장하면서 잉태한 불확실한 위험을 우리에게 제시했기 때문이다. 무엇보다도 1986년 4월 25일 발생한 체르노빌 원자력발전소 폭발은 우리 모두에게 큰 충격이었다. 100만 년에 한 번 일어날 수 있다는 산술적인 위험이 실제로 발생했기 때문이다. 이외에도 1984년 12월 3일 인도의 보팔에서 발생한 유독가스(메틸이소시안: 살충제와 제초제의 합성원료) 누출사고는 보이지 않는 기술위험에 대한 국제적인 관심을 촉구하는 촉진제의 역할을 하였다. 1980년대에 발생한 이러한 재난은 기술재난이었으며, 인간이 만들어낸 인위적인 재앙이었다. 그래서 바로 이러한 인위적인 위험의 문제점을 탐구하고, 그 문제점을 연구하면서 생겨난 것이 바로 위험 커뮤니케이션 개념이다.

이 가운데 위험에 대한 미디어의 보도행위는 가장 핵심적인 위험 커뮤니케이션 분석요인이 되었다. 미국과 유럽을 중심으로 이 위험에 대한 커뮤니케이션학적인 연구가 뜨거운 사회정책적인 관심을 불러일으켰다. 이것은 '**위험은 재구성된다**'는 개념에 따라 미디어를 중심에 두는 위험연구에 학술적인 관심을 불러일으켰다 (Bayerische Rueck, 1993). 왜냐하면 기술위험에 대한 사회적 구성이 상이한 모습을 보여주기 때문이다. 똑같은 위험도 한 나라의 문화와 사회구조에 따라 다르게 평가되고 있다. 원자력이나 유전공학, 최근에 각광받고 있는 나노공학은 가장 대표적인 위험 커뮤니케이션의 대상이 되고 있다.

그러나 가장 문제가 되는 것은 이러한 위험담론이 여러 형태로 다양하게 주제화되고 있다는 것이다. 영국에서 발생한 광우병 파동과 최근 한국의 조류독감 보도는 위험을 미디어가 어떻게 재구성하고 선정적으로 만드는지 그 모습을 정확히 보여주는 사례이다. 어떤 경우 미디어에서는 위험에 대해서 선정적이며 충동적인 보도를 하였다. 산성비가 산림을 고사시킨다고 한 보도를 이러한 관점에서 볼 수 있다. 광우병과 유전자조작 식품에 대한 유럽 언론의 보도 역시 이 범주에 들어가고 있다. 이러한 경험과 연구 결과에 기초하여 미국과 유럽연합은 이제 과학과 새로운 기술에 대한 의견 형성과 관련하여 미디어의 중요성을 인식하고 있다. 유럽과 미국의 기업과 연구소들은 이제 조직화되고 전략적인 PR을 위험 커뮤니케이션에 접목시키고 있는 추세이다. 왜냐하면 기존의 여론 형성 과정이 붕괴되고 있기 때문이다.

사회의 미디어화가 빠르게 진행되고, 다양한 단체와 집단이 출현하면서 의견 형성 과정이 더욱 복합적인 양상을 보이게 되었다. 이에 따라 보다 많은 정보원의 개입이 불가피해졌다. 예를 들어 시민단체가 성장하면서 여러 형태의 반反전문가 문화(시민 전문가가 전문가를 비판하는 문화)가 급성장하고 있다. 실제로 생명공학의 경우, 이 반전문가 집단의 목소리가 큰 영향력을 발휘하고 있다. 이는 개인과 조직, 소규모 집단 사이의 관계가 변화되고 특수한 관계가 정립되고 있음을 반증하는 것이다. 그래서 새로운 기술의 수용과 발전에 예전에는 없던 '공중의 이해와 참여 그리고 동의'가 절대적으로 필요해지고 있다.

그렇다면 어떻게 하면 정확한 정보를 제공하고 건강한 합의와 사회적 수용을 끌어낼 수 있을까? 유럽에서는 정부 차원에서 이 문제를 다루었지만, 미국에서는 오히려 기업이 적극 나서서 이 문제를 자발적으로 연구하고 있다. 유럽에서도 최근에 위험 커뮤니케이션에 대한 기업의 연구비가 증가하고 있는 추세이다. 생명공학과 나노공학에 대한 정확한 이해를 도모하고, 과학에 대한 공중의 이해 Public Understanding of Science를 높이기 위한 사회정치적 차원과 더불어 합리적인 '거버넌스'의 관점에서 유럽연합은 최근에 이러한 위험 커뮤니케이션 연구에 엄청난 규모의 투자를 하고 있다. 최근까지 위험에 관한 연구는 주로 행정학적·경제학적 차원에서 이루어졌지만, 이제는 위험의 재구성과 관련하여 심리학적인 측면의 위험인지를 중시하고 미디어와의 관계에 초점을 맞추고 있다.

원자력과 에너지, 식량과 유전자조작 식품, 건강과 생명공학, 새로운 상품과 나노공학의 응용문제는 가장 뜨거운 논쟁을 일으키는 위험 커뮤니케이션의 주제가 되고 있다. 그래서 위험 커뮤니케이션은 건강위험 분석, 환경위험 분석, 노동자의 건강위험 분석이라는 범주로 세분화되고 논쟁이 벌어지는 것을 볼 수 있다. 유럽과 미국에서 이루어진 위험보도에 대한 비판을 소개하면 다음과 같다.

(1) 미디어는 위험 자체를 보도하지 않고 그 피해에 대해서만 보도한다.
(2) 미디어는 학술적으로 산정된 위험의 실제를 보도하지 않고 위험에 정치사회적인 과정을 접목시킨다. 별로 중요하지 않은 위험에 관해서는 빈번히 보도하고, 이와 반대로 중요한 위험은 드물게 보도한다는 것이다.
(3) 기자는 보도를 할 때 특정한 연출가의 모습을 취한다.

이러한 위험보도에 대한 비판은 위험 커뮤니케이션에 대한 연구가 단순한 PR커뮤니케이션 연구가 아니라 사회통합정책의 한 부분이기 때문에 제기된 것이다. 우리나라는 이제 기술 중심의 사회로 진입하고 있다. 향후 대한민국이 지속가능한 사회로 가기 위해서는 위험 커뮤니케이션에 대한 이해와 탐구가 필요하다. 점점 더 신뢰와 믿음이 중요해지고 있기 때문이다. 위험 커뮤니케이션은 많은 인력과 집중적인 시간투자가 필요하고, 기획된 방책方策을 수립토록 한다. 우리도 더 늦기 전에 서둘러야 한다. 1980년대 중반부터 활발하게 이루어진 선진국의 위험 커뮤니케이션 연구 상황은 우리에게 시사하는 바가 많다. 가장 대표적인 사례들을 살펴보면 다음과 같다.

2. 위험 커뮤니케이션의 사례

2.1. 원자력에너지

위험 커뮤니케이션 가운데 가장 대표적인 것은 원자력에너지와 관련된 것으로, 이것은 거대과학에 대한 거부를 불러일으켰다. 원자력은 위험 커뮤니케이션 연구영역에서 소위 '선도자'의 역할을 하였으며, 전문가와 반전문가 사이에서 발생하는 커뮤니케이션 구조의 문제점을 제기하였다. 또한 원자력 전문가는 원자력의 안전성이 확보되었지만 이에 대한 폭넓은 홍보가 부족했고 공적인 장에서 뒷받침되지 못했다는 주장을 하였다. 독일에서 조직된 '원자력과 시민 간의 소통Buergerdialog Kernenergie', 오스트리아의 '원자력에 대한 정보캠페인 Informationskampagne Kernenergie' 그리고 네덜란드의 '에너지 정책에 대한 폭넓은 사회적인 논쟁' 같은 모임과 사회 참여운동은 이러한 주장의 연장선에서 원자력에너지 논쟁을 커뮤니케이션의 문제라고 가정하였다. 그래서 커뮤니케이션 과정을 개선시키는, 즉 계몽의 관점을 강화하였다. 그러나 이 논쟁은 간단한 것이 아니었다. 워낙 다양한 관점이 연계되어 있었기 때문이다.

원자력발전소와 관련한 안전위험과 건강위험 외에 기술적인 결함에 따른 사고의 위험 가능성이 문제시되었다. 테러리스트들이 원자력을 활용할 수 있다는 가능성과 원자력을 보유한 국가의 잠재적인 위험이 중요한 이슈로 다루어졌다. 동시에 원자력발전소에서 흘려보내는 온수가 미치는 생태적인 위험, 생태시스템에 미치는 방사능의 영향이 위험논쟁에서 중요한 주제로 부상하였다. 여기서 학술적으로 제시된 것이 '위험은 사회적으로 구성된다'는 것이다(Douglas and Wildavski 1982). 위험은 인간이 살고 있는 사회문화적인 환경의 영향을 받기 때문에 가치의 문제라는 것이다.

원자력 위험은 확산의 문제와 사회에 미치는 잠재적인 위험으로 구분되어 논쟁이 이루어졌다. 확산의 문제는 정치적인 맥락과 함께 하였고(북핵, 이란 핵의 문제), 사회정치적인 결과는 법조인과 인문사회과학자들이 이슈화시키고 있다. 이처럼 원자력에너지 위험논쟁은 두 가지 상이한 접근방법으로 인해 점점 더 복잡해지고 있다. 무엇보다도 위험의 개념이 사안마다 동일하게 사용되지 않고 있기 때문이다. 원자력과 관련한 사회정치적인 차원에서의 '위험'은 주로 부족한 **'사회적인 수용능력'**을 말하고 있다. 원자력 논쟁에서 위험은 '확률의 차원'을 이야기하며 손해의 발생을 지칭한다. 사회과학적인 차원에서 손해는 생명·건강·재산 등의 가치를 침해하는 것으로 정의된다. 이러한 정의에 따라 다음과 같이 네 가지의 복합적인 논쟁이 이루어졌다(Peters, 1991).

(1) 원자력 시설의 운영문제
(2) 군사적인 악용과 테러리스트들의 소유 가능성 문제
(3) 에너지 정책적인 결과
(4) 사회정책적인 논쟁

이외에도 방사능 폐기물의 이동과 처리에 관한 논쟁도 중요하게 부각되고 있다. 최저치 논쟁은 가장 빈번하게 드러나는 기술 외적인 것이다. 1979년 미국에서 발생한 스리마일 섬의 원자력발전소 사고는 원자력 시설의 운영과 에너지 정책의 문제를 위험 커뮤니케이션의 차원에서 살펴보도록 하는 데 기폭제의 역할을 하였다. 또한 1985년 폐암의 원인이 되는 라돈에 대한 논쟁은 큰 사회적 반향을 불러일으켰다. 이 라돈에 대한 위험논쟁은 건강위험 문제를 이슈화시켰다.

한편, 독일에서 이루어진 원자력 위험논쟁은 대체에너지 개발

에 대한 사회적인 논쟁을 불러일으켰다. 폐기물 위험이 많은 원자력에너지를 벗어나서 풍력발전소나 태양발전소와 같은 대체에너지를 건설하자는 사회적인 결정을 이끌어내었다. 석유와 우라늄에 대한 에너지 종속을 불식시키는 이중효과를 겨냥한 것이었다. 독일의 사례에서 보듯이 특정한 에너지 시스템은 특정한 가치시스템 및 사회적인 형태와 양립되어야 한다. 오스트리아·스위스·스칸디나비아에서 이루어진 원자력에너지 논쟁과 원자력발전소의 폐기와 관련한 결정과정에서 나타난 위험은 다양한 관점을 제시했다. 어떤 위험을 문제로 삼으려면 각 위험의 크기와 수용에 대한 상이한 관점과 더불어, 다른 의견을 갖는 사람과 논의할 수 있는 기회를 충분히 가져야 한다는 것이다. 통상 원자력에너지를 둘러싼 논쟁이 위험에 집중되어 있지만, 크게 두 가지 관점으로 나누어진다.

(1) 상이한 위험의 크기가 얼마나 큰가?
(2) 각각의 위험이 수용 가능한가?

첫 번째 질문은 일차적으로 학술적인 형태를 띠고 있으며, 전문가와 반전문가 사이의 위험논쟁을 끌어냈다. 예를 들어 소금광산을 핵폐기물 처리장으로 사용하는 것에 대한 찬반논쟁이 매우 거셌다. 또한 방사능 준위와 관련한 논쟁은 아직도 계속되고 있다. 원자력에너지의 위험 수용과 관련한 위험 찬반논쟁은 상이한 산정방식과 우선권, 가치와 연관이 있으며, 다른 한편 원자력에너지 이용에 따른 장점과도 연계되어 있다. 원자력에너지가 갖는 여타 에너지원에 대한 상대적인 장점과 단점을 논쟁의 이슈로 삼았다. 이것은 바로 기술적인 통제가 안전한지, 사람들이 시설물을 잘 다룰 수 있는지를 묻는 기능적인 통제의 완벽성이 있는지, 그리고 사회정치적인 통제의 신뢰성이 있는지에 모아졌다. 체르노빌 사고 이후에 원자력에너지는 유럽에서 가장 위험한 에너지원으로 간주되고 있다. 그러나 최근 지구온난화와 관련하여 원자력은 새로운 대체에너지원으로 부상하면서 뜨거운 논쟁이 지속되고 있다(Kleinknecht 2007).

2.2. 유전공학

유전공학과 관련된 위험은 원자력에너지 논쟁 이후에 가장 강력한 위험 커뮤니케이션의 주제가 되고 있다. 소위 거대과학에서 미시과학으로 과학의 틀이 바뀌면서 발생한 새로운 위험의 첫 번째 주제가 바로 유전공학기술이다. 유전공학을 둘러싼 위험논쟁은 1995년 이후 근대적인 기술논쟁에서 가장 치열하며 뜨거운 영역을 다루고 있다. 이 논쟁은 정치적으로는 위험에 대한 비판의 형태를 갖고 있지만, 자세히 들여다보면 그 핵심은 기술발달에 대한 저항의 의미를 더 갖고 있다(Evers and Nowotny 1987).

독일의 사회학자 울리히 벡은 위험사회에서 글로벌한 위험에 대처하는 공동의 노력이 핵심적인 문제라고 말했다. 여기서 공동의 노력으로 신뢰성을 무엇보다도 강조한다. 동시에 원자력에 대한 논쟁과는 달리 유전공학에 대한 반대는 안전성의 문제와 더불어 윤리적인 신뢰성과 연결되고 있다. 동시에 이 유전공학은 한 국가의 산업적인 위상과 연결되어 논쟁이 이루어지고 있다는 것이다. 경제적인 위기가 소위 말하는 '하이테크'의 범주에서 이 유전공학을 다루도록 한 것이다. 마이크로 전자공학, 정보통신기술, 생명공학기술, 유전공학은 한 국가의 국제적인 경쟁력을 담보하는 상징이 되었고, 유전공학은 특히 혁신성이 강한 미래의 핵심기술로 간주되었다. 영국과 독일, 프랑스에서 유전공학이 모든 산업 분야에 강력한 영향을 미치는 통합적인 기술로 간주되는 것도 바로 이러한 이유이다.

유럽연합은 유전공학의 새로운 가능성과 문제점을 기술논쟁의 관점에서 접근하고 있다. 여기서 중요한 주제는 어떻게 미디어 보도가 기술에 대해 상이한 관점을 만들어내느냐 하는, 위험 커뮤니케이션적인 접근방식의 분석이다. 여기서는 문화적인 접근을 중심에 두고 있다. 현대사회는 두 가지 상반되는 경향이 마주하고 있다. 바로 '예측성의 증가'와 '근본주의화'가 그것이다. 이 두 경향은 자연관과 도덕관점, 지식형태가 서로 다르다. 예측성의 증가는 실제성을 보여주고 절대적인 가치를 나타내 준다. 이 예측성의 증가는 근대적인 문화의 기초가 되고 있다.

자연·도덕·과학(학문)을 복합적으로 총체화시키는 유전공학은 학문적·경제적·가치시스템의 차원에서 논쟁이 되면서 위험 커뮤니케이션적인 접근을 허용하고 있다(van den Daele 1991). 학문적인 차원에서 유전공학은 객관적으로 사람들이 이해하고 수용할 수 있도록 증거를 대는 것이다. 경제적인 차원에서는 이 기술의 유용성을 제시하는 것이다. 가치시스템 차원에서는 주관적인 증거를 확립하는 것이다. 사회적인 수용은 민주적인 다수의 합의에 기초한다. 기술 수용의 문제는 민주적인 사회형태와 함께 가는 것이다.

유럽연합은 2002년에 녹색 유전공학기술에 대한 각 국가의 수용도를 조사하였다. 여기서 각 나라의 문화적인 배경이 큰 영향을 주고 있음을 확인할 수 있었다. 이 연장선에서 1995년부터 독일 정부는 유전공학과 관련하여 제기되는 문제영역을 5개로 구분하여 위험 커뮤니케이션의 차원에서 연구를 하고 있다. 바로 예상 가능한 위험에 대한 논의와 가정된 위험은 핵심적인 연구주제가 되고 있다. 유전공학에 대한 미디어의 기사가 일반 국민이나 수용자에게 미치는 메커니즘의 분석과 연구는 지금도 지속적으로 이루어지고 있다. 이와 관련하여 위험의 수용에 대한 인지심리학적 접근방법이 각광을 받고 있다.

최근 독일 정부는 유전공학의 논쟁과 관련하여 미디어의 역할에 많은 연구예산을 투입하고 있다. 왜냐하면 미디어가 이러한 새로운 기술논쟁에서 핵심적인 역할을 하기 때문이다. 미디어의 과제는 기술과 관련하여 상이한 관점과 대안 그리고 상호관계를 설명하고,

계몽을 하며, 정보를 제공하는 데 있다. 미디어의 보도는 사실에 대한 '실제적인 모습'을 제공하고, 동시에 미디어가 어떠한 실제를 설명해야 하는지를 스스로 물어야 한다. 미디어가 국민들의 유전공학에 대한 부정적인 시각 형성에 미치는 책임논쟁은 미디어의 정보제공에 대한 서로 다른 해석에 근원하고 있음을 볼 수 있다. 독일의 기업과 학자, 몇몇 미디어 비판자는 미디어에 나타나는 유전기술에 대한 객관적인 위험의 실상이 적합하지 않다고 비판하고 있다. 미디어가 묘사하는 유전공학의 위험과 위험에 대한 과학적인 이해가 동일하지 않다는 것이다. 그래서 전문가의 관점과 일반 사람의 위험인지 사이에 나타나는 다양한 위험 차원의 해석 차이는 그 자체가 공적인 주제가 되고 표적이 된다.

미디어에서 잘못 묘사된 위험 기사에 대한 학자들의 비판은 미디어의 기능과 사회적 책임을 서로 다르게 해석하고 있으며, 다른 관점에 기초하고 있음을 볼 수 있다. 그래서 유전공학과 사회적 수용의 관계는 미디어에 대한 분석 없이는 정확히 설명할 수 없다는 점을 유럽 각국 정부는 인식하고 있다. 최근 소위 미디어의 '의제설정 기능'은 사회적으로 인지되는 관심사의 가치위상에 절대적인 영향을 미치고 있다. 그래서 저널리스트와 전문가 사이에 나타나는 사회문화적인 구조의 차이점 등을 분석하여 유전공학의 사회적 수용을 설명하려고 노력하고 있다. 미국에서는 유전자조작 식품에 대한 사회적 수용도가 높은데, 그 이유가 어디에 있을까? 독일에서도 구서독 지역의 주민과 동독 지역의 주민 사이에 위험의 사회적 수용도는 큰 차이가 있는데, 그 이유는 무엇일까? 이렇게 유전공학기술에 대한 수용에서 나타나는 상이한 관점들과 문제를 설명하는 데 필요한 접근방법은 미디어 이론과 위험 커뮤니케이션에서 찾아야 한다는 의견이 지배적이다.

독일의 경우 1980년대에 나타난 광범위한 유전공학 거부로 인해서 이에 대한 연구가 거의 이루어지지 못하였다. 그래서 최근에 유전공학과 관련된 위험 커뮤니케이션의 핵심적인 과제들은 여론과 기업 사이에 신뢰할 수 있는 토대를 쌓는 데 주력하고 있다. 바로 위험 커뮤니케이션이 '학문을 파는selling science' 행위가 아니라, '과학과 커뮤니케이션을 도모하는communicating science' 행위가 되어야 한다는 것이다. 유전공학에 대한 논의는 기술논쟁이 점점 더 새로운 사회적인 갈등의 노선이 되었음을 제시한다. 여기서 위험의 관점은 가치의 정향성과 여타 동기가 서로 얽혀 있음을 볼 수 있다. 이데올로기적으로 이루어진 유전공학기술 논쟁에서 시민단체와 환경연구소 그리고 여타 환경조직은 조직화된 기술비판자로서 결정적인 역할을 한다. 바로 이들이 기술 수용과 관련된 논쟁의 범주를 변화시키고 있기 때문이다. 예전에는 기업과 정치적인 차원으로 제한되었던 여러 결정과정이 이 비판적인 집단들에 의해 공적인 장으로 이동하고, 미디어 보도를 통해 공적인 찬반논쟁을 불러일으키기 때문이다.

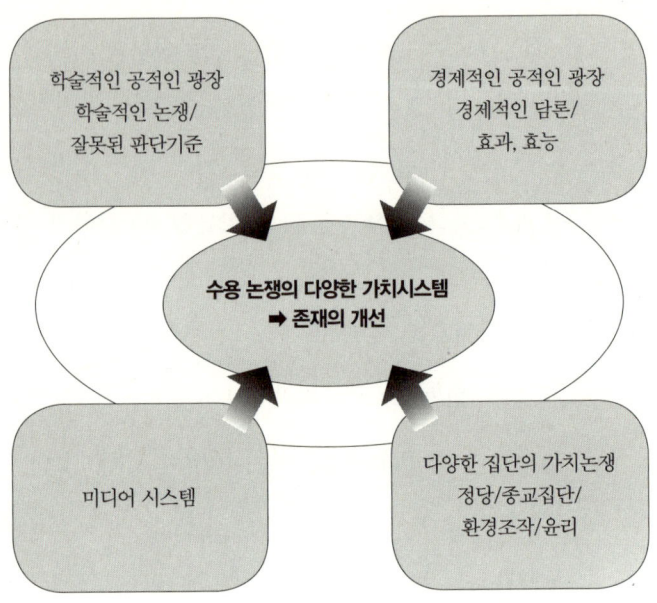

위험 논쟁의 차원

독일에서 연구된 유전공학에 대한 사회적 수용의 위험 커뮤니케이션은 초기에는 매우 비판적인 모습이었고 특정한 주제에 대해서만 집중적인 관심을 보였다. 그 후 상이한 단계를 거치면서 상이한 방향으로 논의가 시의적으로 전개되는 모습을 하였다. 시간이 지나면서 수용의 문제를 일으켰던 가치의 차별화가 발생하였다. 최근에는 유전공학과 관련된 논의에서 반대집단과 대화로 상호이해를 넓히는 협력모델을 발전시키고 있다.

이와 관련하여 유럽연합과 독일 정부는 유전공학의 관점에 영향을 미치는 요인에 대한 연구를 지원하고 있다. 독일 헬름홀츠 산하의 율리히 연구센터에 있는 '인간, 환경 그리고 기술MUT' 부는 이 연구를 현재 수행하였다. 이 연구는 한스 페터 페터스 교수의 주도로 이루어졌다. 핵심적인 주제는, (1) 주관적인 합리성 (2) 신뢰에 바탕을 둔 관점의 형성, (3) 문화적인 토착성으로서, 이들이 어떻게 유전공학의 수용에 영향을 미치는지를 연구하는 데 있다.

2.3. 기후환경변화 : 지구온난화

지구기후변화와 이것이 가져올 결과는 지난 20년 동안 국제적인 환경 커뮤니케이션 영역에서 확고한 부분을 구성하는 주제가 되었다. 여전히 논쟁이 있긴 하지만 국제 학술단체는 온난화가 진행되고 있으며, 이 변화가 엄청난 재앙을 가져올 것이라는 사실을 경고하고 있다. 많은 학자들과 전문가들이 이 점에서 폭넓게 의견의 일치를 보고 있다. 기후변화에 실증적인 데이터를 제공하는 자연과학적인 연구는 기후변화가 동반하는 사회적 결과를 사회경제적으로 분석한 자료를 통해 보완하고 있다. 유럽의 경우 공중은 기후변화에 따른 위협을 가장 무서운 위험의 하나로 보고 있다(Grunenberg and Kuckartz 2003; Zwick 2001). 실제로 자연과학적인 연구 결과가 사회적이고 정치적인 문제로 전환되고 있는 것이다.

한편, 독일 정부는 미디어가 지구기후변화의 위험을 어떠한 모습으로 표현하고 있는지를 조사하는 프로젝트를 발주하였다. 이것은 기후변화와 독일 북부 해안의 위험관리 그리고 해안보호관리와 관련한 협력 프로젝트KRIM였다. 이 협력 프로젝트는 독일 교육과 학부가 독일기후연구프로그램DEKLIM의 범주에서 지원을 하였다. 물리적인 환경변화는 사회시스템에서 '**문제**'로 제시되지 않는 한 어떠한 사회적인 행위도 끌어내지 않는다. 이러한 '**인지**' '**사회적인 재현**' 또는 '**사회적 구성**'은 그 자체로 사회적인 사실이 된다. 지구환경변화에 대한 사회의 적응능력을 분석하기 위하여 기후연구의 결과가 기존의 사회적인 의미구조로 통합되고, 또한 경우에 따라서 어떻게 수정되는지 이해하기 위하여 현재 유엔 차원에서 위험 커뮤니케이션의 연구방법론을 접목시키고 있다.

환경변화에 대한 사회적 구성과 환경변화 자체가 스스로 사회적 효과를 갖지 않는다는 위험 커뮤니케이션적인 주장은 매우 중요하다. 왜냐하면 사회적 재구성은 물리적인 현상에서 직접 눈에 띄게 나타나는 것이 아니라 의미구성의 해석과정을 통해서만 이루어지기 때문이다.

사회적 구성은 사회적 반응의 토대라는 사실에서 두 가지 중요한 결과를 끌어낼 수 있다. 첫 번째, 지구적인 환경변화에 대한 사회적 반응을 이해하기 위해서는 사회적 구성과 그것이 개인적 차원에서 수용되는 과정을 알아야 한다. 두 번째, 지구온난화에 영향력을 미치는 이산화탄소 저감행위와 수용에 초점을 둔 행위가 성공하려면 공적으로 이루어지는 문제구성의 과정을 파악해야 한다. 공적으로 이루어지는 위험구성 그리고 재생산과 수정이 이루어지는 해석의 과정은 무엇보다도 '미디어 사회' 그리고 '지식사회'의 관점에서 고찰해야 하기 때문이다.

'미디어 사회'에서 미디어는 무엇보다도 중요한 '상징세계와 환경'을 만들어낸다. 물리적이 아닌 이 상징세계는 우리의 삶의 공간을 사회적 존재의 공간으로 재현한다. 무엇보다도 사람들의 지구온난화에 대한 의견과 관점은 일정 정도 과학적 지식을 통해 간접적으로 형성되는 것이며, 이는 상징적인 세계에서 이루어지는 인지적이고 정서적인 반응의 결과인 것이다. 미디어는 저널리스트의 보도와 사실적인 메시지를 통하여 개인의 세계관을 형성하고 변화시키는 역할을 한다. 높은 흥행기록을 보였던 〈더 데이 애프터 투모로우 The day after tomorrow〉(이하 〈투모로우〉)와 같은 재난영화는 좋은 본보기가 된다.

재난영화 〈투모로우〉

〈투모로우〉 같은 재난영화는 지구온난화와 인위적인 환경재앙의 문제점을 경고하는 **'시대의식이 반영된 재난영화'**다. 재난영화 속에 나타나는 과학을 위험 커뮤니케이션 과정에서 학술적으로 탐구하는 것은 큰 관심을 불러일으킨다.

최근 기후환경변화 연구는 사회과학 연구방법과의 접목을 제일 중시하고 있으며, 이를 통해 영향, 비용, 사회적인 수용 능력 등을 측정할 수 있을 것으로 기대하고 있다. 그런데 유감스럽게도 이 영화에서 사회과학적인 공론은 전혀 언급되지 않았다. 영화와 같은 매스미디어의 한계와 편향적인 모습을 그대로 드러내고 있는 것이다. 미국에서 발생한 태풍 '카타리나'의 위력은 지구온난화와 재난의 의미를 새로운 차원에서 보도록 하였으며 지구촌 전역에서 나타나고 있는 기후환경변화에 따른 이상 징후들은 우리의 문명을 성찰토록 하였다. 이 지구온난화는 단순한 위험 커뮤니케이션을 넘어 문명사적인 연구를 촉구하는 주제가 되고 있다.

2.4. 휴대폰 전자파

근대적인 기술을 둘러싼 위험논쟁은 여러 기술영역으로 확대되고 있는 추세이다. 이미 1990년대 초부터 공적인 관계PR나 미디어 등을 통해 전자파가 초래하는 건강위험이 제기된 바 있다. 사람들은 이러한 경고 메시지에 큰 관심을 나타냈다. 전자파가 건강에 미치는 위험논쟁이 이루어지면서 전자파의 위험에 대한 여러 가지 상이한 연구 결과가 나오고 있다. 지속적인 이 논쟁의 확대는 기술위험에 대한 위험논쟁이 한 국가에만 한정되지 않는다는 사실을 보여준다. 즉, 한 국가에서 논쟁 주제가 된 위험은 시간차를 두고 다른 나라로 옮겨간다는 것이다.

1960년대부터 미국에서는 고압전선의 설치 문제로 갈등이 발생하였다. 전자파가 건강에 미치는 예상 가능한 위험과 관련한 논의는 전력회사의 고압선 가설이 점점 늘어나면서 공적인 논쟁의 장으로 나왔다. 이 걱정과 공포는 고압전선의 설치를 반대하는 지역민의 시위를 끌어냈고, 전자파의 위험성은 시간이 지나면서 설득력 있는 논거가 되고 있다.

1960년대 중반에 구소련의 학자가 건강에 미치는 저주파의 위험과 피해에 관하여 보고를 하면서 처음으로 학술적인 논쟁의 대상이 되었다. 대부분의 학자들은 일상생활 속에서 활용되는 저주파는 낮은 에너지를 갖고 있어서 신체조직에 영향을 주지 못하고, 분자구조를 파괴하지 않아서 인간에게 위험이 없다는 가설을 내세웠다. 1970년대 초까지 여러 나라에서 신체조직에 대한 전자파의 영향을 조사한 실험 결과는 대부분 별다른 영향이 없다고 주장하였다.

그럼에도 이러한 논쟁은 미국의 공론장에서 저주파가 초래하는 건강위험에 대한 공포를 증가시켰고, 1970년대 중반부터 고압전선이 미치는 건강위험을 청문회의 핵심주제로 삼도록 하였다(Nair et al. 1989). 이와 관련하여 예상되는 건강위험에 대한 공포는 1980년대 초에 저주파 영역에 노출된 사람들의 암 발생 위험이 더 높을 수 있다는 가능성을 제시한 역학조사 결과에 큰 자극을 받았다. 이러한 연구 결과와 공포의 여론화는 저주파 노출에 따른 건강위험 연구와 국가 규제조치를 강화시켰다. 연구의 핵심은 현재 전기장에서 전자파로, 고압전선에서 가전제품의 전자파와 도시의 전선으로 그 영역이 확대되고 있다. 여러 기관들은 다양한 분야의 학자로 구성된 위원회에 전자파가 건강에 미치는 위험과 관련하여 현재의 학술적인 지식을 재평가하고 위험평가에 필요한 방책을 제시하도록 하고 있다.

고압전선에서 촉발된 전자파로 인한 건강위험과 이에 대한 관심은 현재 더욱더 커지고 있다. 1980년대 이후 독일에서도 새로 설치되거나 이미 설치된 고압전선을 둘러싸고 여러 갈등 상황이 발생하였다. 예를 들어 베를린의 거주지역이나 함부르크 소재의 학교와 유치원에서 이러한 문제가 불거져 나왔다. 이들 고압전선이 있는 곳에 거주하는 사람들은 예상되는 건강위험 때문에 보호조치로서 고압전선의 철거를 요구하였다. 해당 지역 주민들은 미국에서 이루어진 학술적인 연구 결과와 유사한 사건을 논쟁의 근거로 삼았다.

지난 몇 년 동안 전자파와 관련한 건강위험에 대한 문의와 두려움이 세계적으로 급격히 증가하고 있다. 고압전선이 지나가는 근처에 땅을 사거나 집을 지으려는 개인이나, 자신의 안전과 어린이의 건강을 걱정하는 지역 주민들이 이러한 문의를 많이 하였다. 미디어와 여론이 큰 관심을 갖게 된 계기는 스웨덴에서 발표된 한 연구보고서였다. 이 보고서는 고압전선 근처에 사는 어린이가 백혈병에 걸릴 수 있는 위험이 매우 높다는 사실을 제시하였다. 또한 스웨덴에서 전자기술과 연관된 직업을 갖고 있는 노동자가 암에 걸릴 위험이 높다는 사실을 제시한 여타 보고서는 저주파에 대한 노출을 낮추는 데 기여하였으며, 통제와 관련한 정부의 조치를 강화시켰다.

1980년대 중반에 모든 가정에 전자레인지가 도입되고, 모든 일터에 컴퓨터가 도입되면서 모니터 화면을 보면서 일하는 시간이 길어지고, 이러한 기기에서 방출되는 전자파의 건강위험에 대한 공포가 다시 고개를 들기 시작하였다. 현재 독일에서는 1991년부터 여러 곳에 설치되기 시작한 이동통신 네트워크의 건설 및 이와 관련된 문제가 논쟁이 되고 있다. 100여 곳 이상에서 이 중계소와 관련하여 주민들이 시위를 하였고, 설치를 중지시키거나 법원에 고발하였다. 또한 전국적인 언론은 예상 가능한 건강위험에 관한 학술적인 찬반논쟁과 중계소 설치를 저지하려는 지역단체의 행동을 보도하였다. 현재 독일에는 200여 개의 단체들이 이러한 행동을 조직하고 있다.

휴대폰과 같은 이동통신 중계탑과 관련한 갈등은 원자력에너지와 같은 여타 위험주제와 비교하여 볼 때 미디어와 대부분의 주민한테 별다른 관심을 끌지 못한다는 특성을 가지고 있다. 독일과는 달리 1993년 초에 미국에서 이루어진 한 판결은 커다란 관심을 불러일으켰다. 미국에서는 휴대폰 사용으로 인해 자기 배우자가 뇌종양이 생겨 죽게 되었다면서 휴대폰 제조사와 이동통신회사 그리고 판매자를 법원에 고발하는 사건도 있었다. 결국 법원의 판결을 통하여 이동통신 기기는 건강을 해칠 수 있는 위험원으로서 처음으로 공적인 큰 관심을 받게 되었다.

이러한 관심들과 미디어의 보도가 지속적으로 이루어지면서 '**전자스모그**elektrosmog'는 일반적인 위험주제로 정착이 되었다. 이 개념은 마치 공기오염물질과 기존의 위험물질 그리고 이동통신의 전자파처럼 새롭게 등장하는 위험물질이 건강을 해친다는 사회적인 논쟁을 확대시킬 것이다. 1992~1993년 사이에 독일 방송과 신문의 보도에서 전자스모그는 미국의 법원판결과 스웨덴의 역학적인 연구보고서로 인해 엄청난 반향을 불러일으켰다. 독일의 제1공영방송인 ARD의 과학매거진 프로그램 〈플루스미누스Plusminus〉는 1992년 1월 10일과 1993년 1월 8일에 전자스모그 관련 프로그램을 방영하였다. 방송 후 이와 관련하여 1월 10일에는 7,000건, 1월 18일에는 2,500건의 문의가 쇄도하였다. 또 독일 제2공영방송인 ZDF의 환경매거진 프로그램 〈글로부스Globus〉가 1992년 6월 21일에 전자스모그를 방영한 후에는 이에 대한 자료 문의가 2,100건이나 쇄도하였다.

예상되는 건강위험에 대한 보도와 관련하여 지난 몇 년 동안에 일반 사람들은 예상 가능한 전자파의 건강위험에 민감한 반응을 보여왔으며, 이에 관한 보도에도 많은 관심을 기울이고 있다.

3. 맺는 말

지난 20년 동안 서구의 산업국가에서 원자력에너지, 유전공학기술, 지구온난화 같은 건강과 환경에 영향을 미치는 소위 기술의 위험은 공적인 논쟁의 범위를 확대시켜 왔다. 그 결과 주민들의 건강과 안전에 관련되는 위험한 기술들을 도입할 때 정치인, 국가, 기업이 어떠한 결정을 내리는 것은 점점 더 어려워지고 있다.

　동시에 기술위험 논쟁은 상이한 갈등집단 사이의 상호이해를 매우 힘들게 하며, 관련 당사자를 만족시키지 못하는 특징을 갖고 있다. 우선 서로를 이해하지 못하는 의사소통의 문제점은 일반인에게 친숙하지 않은 전문적인 기술 개념의 사용과 지식의 차이에서 발생한다. 다음으로 상이한 형태로 논쟁하기 때문에 핵심을 벗어나는 말을 하게 된다. 전문가는 예상되는 피해의 발생확률을 고려할 필요가 없다고 생각하며 이에 대해 상세하게 설명하지 않는 반면에, 일반들은 미래의 세대가 직면할 수 있는 위험들을 열거하고 확률에 대해 민감한 관심을 갖는다. 일반인들은 또한 이러한 위험을 만들어내는 것은 윤리적인 근거도 없고 정당화될 수도 없다고 주장한다. 이러한 상반된 측면은 비합리적이고 객관성이 없으며, 냉소적이고 이윤만 추구한다는 정형화된 논쟁을 끌어낸다. 그래서 토론과 논쟁은 서로 자기의 관점에서 상반된 관점을 공격하는 형태가 된다. 이 토론과 논쟁은 상호이해를 끌어내는 데 정향된 것이 아니라, 제3자, 즉 여론에 자신의 입장과 주장을 확신시키는 것에 있다. 그러므로 갈등은 아주 빠르게 확산되고, 이로 인해 형성된 전선戰線은 날카로워지고, 반대편에 서서 논쟁하는 갈등집단과 화해를 불가능하게 만든다. 각 집단은 자신의 정당성을 입증하고 모든 수단을 동원하여 자신의 주장을 관철시키려 한다.

'기술로 인해 발생하는 기술위험'과 이와 관련해 벌어지는 찬반 논쟁의 증가는 논쟁 자체와 이를 통해 발생하는 의사소통의 문제를 탐구하는 독립적인 사회과학 연구를 필요로 한다. 동시에 위험에 관한 사회적 커뮤니케이션의 범주화에 필요한 조건과 어려움을 분석하고, 그것의 개선방법을 탐구하도록 요구한다(Jungermann, Rohrmann, Wiedemann 1991). 바로 이제는 '위험 커뮤니케이션'이 필요하다는 것이다.

위험 커뮤니케이션의 궁극적인 연구목적은 어떤 위험이 있는지, 위험이 어떠한 크기로 확실히 존재하는지를 규명하는 것이 아니다. 이러한 것을 규명하는 것은 다른 학술분야의 과제이다. 위험 커뮤니케이션 연구는 사람들이 위험하다고 주장하는 의견, 인지 상황, 과정을 다룬다. 위험 커뮤니케이션 연구는 기술, 환경과 건강보건위험에 대한 정보의 교환이 이루어지는 모든 커뮤니케이션 과정 그리고 이러한 커뮤니케이션 과정에 참여한 행위자간의 상호작용을 대상으로 한다. 정보교환은 **확인**(무엇이 위험으로 간주되는가), **분석**(위험은 얼마나 큰가), **평가**(위험은 수용 가능한가), **위험관리**(위험의 통제와 위험의 축소를 위해 어떠한 조치가 이루어져야 하는가)와 관련된다. 그래서 위험 커뮤니케이션 연구와 관련하여 다음과 같이 여러 가지 영역의 과제를 제시할 수 있는 것이다(Jungermann, Rohrmann, Wiedemann 1991).

(1) 상이한 사회적 이해집단의 위험평가와 위험인지
(2) 위험에 대한 사회적·경제적 관점에서 결정을 내리는 데 필요한 위험정보
(3) 위험이 내재된 행위에 대한 정보 제공
(4) 재난과 재해가 발생했을 때 자체 보호조치에 필요한 정보
(5) 위험규제와 관련된 당사자들의 참여와 갈등집단간의 중재

위험과 관련하여 사회적 합의가 이루어진다면 위험에 대한 계몽을 개선시키거나 위험한 행동에 대한 관점을 변화시키고, 이것에 위험 커뮤니케이션 연구의 결과를 응용하는 데 별 문제가 없을 것이다. 예를 들어 에이즈 전염방지 보호대책을 위한 정보 제공, 찬반논쟁이 심한 기술위험(원자력에너지)의 수용 문제를 해결하는 데 활용될 수 있다. 정부와 기업은 '이 기술이 위험한지 혹은 간과해도 될 정도인지'와 같은 자체의 위험평가 결과를 상대방이 수용하도록 하는 데 이러한 연구 결과를 이용할 수 있다. 기술을 위험한 것으로 간주하는

주민들은 이와 달리 이러한 기술의 사회적 수용을 높이기 위하여 (때로는 강제하기 위해) 위험 커뮤니케이션을 활용한다고 의심한다. 양쪽은 모두 자신의 관점을 어느 정도로 관철할 수 있느냐 또는 관철했느냐에 따라 일반적으로 커뮤니케이션의 성공 여부를 평가한다.

그러나 위험 커뮤니케이션 연구는 위험과 관련된 논쟁에서 특정한 입장을 뒷받침하지 않는 비당파적인 학술연구의 영역이다. 그 근본목적은 갈등집단간의 이해를 돕고 화해에 이르도록 뒷받침하는 데 있다. 커뮤니케이션 과정의 개선은 오해의 방지와 커뮤니케이션 과정의 의제 이슈화 또는 상대방의 의견에 대한 폭넓은 이해를 통해 달성될 수 있다(Peters 1991). 위험 커뮤니케이션 연구의 결과를 활용하는 이해당사자는 우선 정치인, 관공서와 정부기관, 기업을 들 수 있다. 왜냐하면 이들은 위험의 규제를 결정하고, 위험과 관련된 법률의 제정을 통해 통제하며 동시에 위험에 대한 정보를 제공할 수 있기 때문이다.

점점 더 불명확해지고 보이지 않는 위험과의 커뮤니케이션이 빈번하게 발생하고 있다. 급속도로 발전한 유전공학기술, 나노기술 등은 불명확성과 불확실성을 위험 커뮤니케이션의 핵심주제로 만들어내고 있다. 이제 우리도 새로운 기술의 사회적 수용을 원활히 하기 위한 방책과 방법을 개발하는 위험 커뮤니케이션의 연구에 많은 시간과 비용을 투자해야 한다.

7장

불명확한 위험과의 커뮤니케이션

COMMUNICATION

**불확실성의 주요한 원인은 확실한 정보에 대한
신뢰의 결여에 있는 것이지 정보의 부족에 있는 것이 아니다.**

노진철(경북대 사회학과 교수)

1. 위험 커뮤니케이션에 대한 요구

20세기 말부터 위험 커뮤니케이션을 어떻게 수행해야 할지에 대한 제안을 담은 다수의 입문서들이 꾸준히 출간되었다(Gray and Wiedemann 2000 참조). 위험 커뮤니케이션의 중요한 내용을 담은 EPA 핸드북은 위험특성의 질적 차원을 판단하기 위하여 네 가지 평가기준을 상세히 논하였다. 이 네 가지 특성은 바로 투명성, 명확성, 일관성, 적합성(합리성)이다(EPA 2000). 각각의 특성에 대해서 자세하게 살펴보면 다음과 같다.

투명성은 위험평가의 과정을 분명하게 밝히는 것이다. 즉 과정, 수용, 모델, 통계적인 보외법(補外法, extrapolation)을 상세하게 서술해야 한다. 데이터의 결함을 지적하고 애매모호한 불확실성을 분명하게 밝혀야 한다. 명확성은 주로 서술의 가독성과 관련된다. 여기서 판단기준은 간명함과 서술의 논리적 구성 그리고 서술된 언어가 이해 가능한지와 밀접히 관련되어 있다. 일관성은 기존의 방법과 일치하는지의 여부와 함께 위험평가의 기본원칙을 말하는 것이다. 이것과 관련해서 조사를 통하여 끌어낸 결론이 각각의 학술적인 표준이나 방법과 일치하는지 그 여부가 명확히 밝혀져야 한다. 또한 이것이 일치하지 않을 때에는 그 근거를 반드시 제시해야 한다. 적합성은 위험평가가 얼마나 '이성적이고 합리적'인지를 다시 한 번 명확히 하는 통합적인 판단기준이다. 이 판단기준은 '위험의 특성은 관련된 학술단체의 인정을 받아야 하고, 동시에 쉽게 접근할 수 있는 데이터와 일반적으로 수용되는 학술적인 인식'에 기초해야 한다는 것이다.

네 가지 평가기준은 위험의 크기(양/등급), 위험의 비교, 불확실성에 대한 언급을 요구한다. 이것은 전문성(학술적인 토대)과 응용방식 외에 이해의 일치를 끌어내기 위한 사전원칙을 정의하고, 불확실성에 대한 명확한 설명을 촉구한다. 이러한 촉구사항이 실증적인 연구 결과를 통해 폭넓게 뒷받침될 수 있는지, 그리고 상호간에 이러한 것이 조화될 수 있는지가 검증되어야 한다. 예를 들어 불확실성에 대한 상세한 설명은 명확성을 뒷받침하는가를 들 수 있다. 이러한 목적을 위하여 위험 커뮤니케이션의 연구는 위험의 크기, 위험의 비교, 위험평가의 불확실성에 대한 언급과 관련된 사항을 논해야 한다. 끝으로 이러한 논의에서는 불명확한 위험과 커뮤니케이션의 상호관계와 관련하여 이것이 무슨 의미를 갖는지를 궁극적으로 탐구해야 한다.

2. 위험의 측정 크기에 대한 연구 결과

위험을 서술하기 위하여 여러 상이한 '위험차원'과 '위험의 크기'가 활용된다(Proske 2002 참조). 위험차원은 예상 가능한 영향을 판단할 수 있는 '최종적인 상황 및 단계'와 관련된다. 이러한 것에는 사망률, 발병률, 삶의 질 악화, 생물의 다양성 악화 혹은 환경오염 같은 동식물의 세계에 영향을 미치는 요소가 포함되어 있다(NJDEP 2003 참조). 위험의 크기는 위험을 양적으로 판단하여 측정할 수 있다. 상대적인 위험, 불균등한 비율, 위험의 차이, 상실된 삶의 질 등이 이에 속한다(Hoefler 2004, Schuetz et al. 2004 참조).

실증적인 조사는 척도의 선택이 위험의 특성과 위험인지에 영향을 미친다는 것을 제시한다(Femers 1993, Purchase and Slovic 1999, Gray 1996, Thalmann 2004 참조). 펄처스Purchase와 슬로비치Slovic는 비한계 모델Non-Threshold-Modell* 이라는 통계방법을 응용하여 높은 위험인지와 위험평가의 의미를 이끌어내었다. 첫 번째 위험평가의 경우에는 암 발생 위험을 1/100,000로 표현하였다. 두 번째 위험평가에서는 동물실험의 안전계수치NOAEL** 를 10만 배로 적게 하였다. 이 두 가지 형태의 연구는 평가진술이 위험평가와 관련해서 중립적이지 않으면 일반인뿐 아니라 전문가에게도 영향을 미친다는 사실을 제시하였다. 위험평가의 서술이 중요함을 제시한 것이다.

스톤, 예이츠, 파커(Stone, Yates and Parker 1994)는 위험을 상대적인 형태로 표시하는 것(예를 들어 위험을 두 배로 제시함)이 기하학적인 형태로 표시하는 것보다 판단에 더 큰 영향을 미친다는 사실을 발견하였다. 이것은 무엇보다도 매우 낮은 확률의 경우에 들어맞는다. 그래서 상대적으로 매우 낮은 기하학적 비율은 '거의 제로'로 인지되는 반면에 상대적인 위험의 제시에서는 그렇지 않다. 스톤과 그 동료(Stone et al. 1994)의 실험은 기하학적으로 표시된 경우보다 위험의 감소가 상대적으로 표시되었을 때 자신의 안전을 위해 더 많은 돈을 지불할 의사가 있음을 제시하였다. 마가트, 비스쿠시, 후버

---

* 새로운 선형적인 통계방법으로서 다변인 요인을 추출하는 데 탁월한 기법을 제시하고 있다. 주로 생물학적인 연구방법에서 이용되고 있다. 방사능의 장기적인 노출과 그 영향에 관한 연구에서 이 모델이 활용되었다. http://www.j-schoenen.de/abc-manual/a/BiologischeWirkungen.html 참조.
** NOAEL(No Observed Adverse Effect Level)은 어떠한 악영향도 관찰되지 않은 안전계수를 말하는 독성의 영향기준을 일컫는 용어다. 개인별 민감도의 차이 등 불확실한 측면이 존재하기 때문에 이를 보정하기 위한 계수로 사용된다. 생물학적 모니터링의 차원에서 정의하면 근로자의 호흡이나 혈액, 소변 등 생물학적 시료 중에서 화학물질이나 그것의 대사산물 또는 조직에 영향을 주는 정도를 말한다.

(Magat, Viscusi and Huber 1987)의 연구도 동일한 결과를 제시하였다. 핼퍼른, 블랙맨, 잘츠만(Halpern, Blackmann and Salzman 1989)은 위험판단에 미치는 상이한 정보의 현시형태에 대한 영향력을 조사했다. 연구자들은 또한 사망률의 빈도에 근거하여 동일한 확률에 대한 서술형식을 비교한 결과, 상대적인 형태로 위험을 표시한 확률성이 위험을 더 높게 평가하였음을 제시하였다. 핼퍼른과 그 동료연구자들은 이러한 차이를 다음과 같이 설명하고 있다. 사망 빈도와 절대적인 사망자 수를 잘 알고 있지만 피설문자는 이러한 '기본적인 비율'에 대한 지식(예를 들어 기본적인 빈도)을 통해서 위험을 매우 다르게 판단할 수 있다는 것이다.

일련의 연구(Weber and Hilton 1990; Wallsten, Fillenbaum and Cox 1986a; Fischer and Jungermann 1996)는 이러한 '기본적인 비율'을 구술의 형태로 서술했을 때, 이 구술이 확률의 해석에 영향을 미치는 핵심적인 변인이라는 사실을 확인하였다. 그래서 베버와 힐튼은 서술적인 확률 제시에 대한 해석은 어떠한 결과가 제시하는 '기본적인 비율'에 대한 지식에 따라 영향을 받는다는 사실을 제시했다(Weber and Hilton 1990). 서술형태로 언급된 확률성은 종종 막연하게 평가된다(Bundescu and Wallsten 1985; Fillenbaum, Wallsten, Cohen, and Cox 1991; Wallsten, Budescu, Rapoport, Zwick, Forsyth 1986b; Zimmer 1983 참조). 이외에도 확률에 대한 해석은 확실히 맥락을 통해 쉽게 영향을 받음을 볼 수 있다.

확률성에 대한 서술적 표현인 산술적인 해석(예를 들어 '몇몇' '약간' '다수' 또는 '드물게' 같은 빈도)에 미치는 맥락적인 효과는 이미 일련의 연구에서 확인되었다(Beyth-Marom 1982; Brun and Teigen 1988; Budescu and Walsten 1985; Fillenbaum, Wallsten, Cohen and Cox 1991; Gonzales and Frenck-Mestre 1993; Hamm 1991; Teigen 1988; Weber and Hilton 1990). 그래서 '자주 영화관에 간다'는 문장은 '자주 미국에 간다'는 것과는 다른 수치로 분류된다(Newstead and Collins 1987). 마찬가지로 '드물다' '가끔씩' '자주'의 의미는 상이한 맥락에서 서로 다르게 해석된다. 서술적인 표현은 산술적인 제시보다 중립성이 낮기 때문에 결정에 미치는 영향은 매우 미약하다(Budescu and Wallsten 1995; Moxey and Sanford 1993; Champaud and Bassano 1987). 이 서술적인 표현에는 어떠한 사건의 존재와 관련하여 '아마도' '혹시'와 같은 표현들과 '의심스러운/미심쩍은' 같은 비존재를 강조하는 표현이 들어간다(Teigen and Brun 1999, 2000참조).

서술적이고 산술적인 확률을 제시하고 이것을 사용하는 것과 관련하여 이레브와 코헨(Erev and Cohen 1990) 그리고 월스텐, 부디스쿠, 츠빅, 캄프(Wallsten, Budescu, Zwick and Kamp 1993)는 '커뮤니케이션 양식 선호도 패러독스communication mode preference(CMP) paradox'라는 역설을 제시하였다. 이것은 대부분의 사람들은 사건의 확률성에 대한 정보를 산술적인 형태로 제공받으려는 것을 선호한다는 것이다. 그러나 정작 사람들은 서술적인 확률을 제시하면서 커뮤니케이션을 하는 것을 선호한다. 그래서 이러한 역설이 나타난다는 것이다. 이레브와 코헨(1990)의 연구는 사람들은 사건의 발생과 관련하여 부정확한 확률을 평가하기 위하여 서술적인 용어를 선호한다고 주장한다. 이러한 선호 경향은 그 자체의 불확실성 때문에 나타나는 것으로 추측할 수 있으며, 정확하게 표현되어야만 한다 (Teigen and Brun 1999). 동시에 이에 따라 일반인(Thalmann 2004)과 전문가(Jablowski 1994) 사이에 나타나는 확률에 대한 설명용어에 차이가 있다(Moxey et al. 2000)는 것에서 상호 개인간의 큰 변수가 간과되어서는 안 된다.

서술적인 위험의 측정 크기에 대한 이러한 상이한 의미는 일반인에게서만 확인할 수 있는 것은 아니다. 야블로노브스키 (Jablonowski 1994)가 행한 연구는 전문가에게 상이한 빈도를 제시하면서 그 의미를 물었다. 여기서도 개별적인 확률의 표현에 대한 평가에서 커다란 차이가 나타났다. 위험인지에 영향을 미치는 크기의 하나로 베버와 힐튼(Weber and Hilton 1990)은 실제로 피해가 발생할 수 있는 가능성을 조사하였다. 연구 결과 심각하게 평가되는 사건은 대개 확률의 등급이 높다는 것이다. 또한 사건의 실제 가능성은 추측컨대 '공포의 효과'를 나타내는 의미에서 확률의 평가에 영향을 미친다. 실제로 가능성이 있고 엄청난 영향을 미칠 수 있는 사건은 잠재적으로 높은 확률을 가지고 있어 큰 관심을 끈다. 결과적으로 정량적인 것에 대한 서술적인 재현은 양적인 제시를 통해 보완된다는 사실을 주장하는 근거가 된다.

3. 위험비교의 조사 결과

위험비교는 최소한 두 개의 위험을 비교하는 것이다. 종종 잘 알려지지 않은 불명확한 위험은 그 이해를 높이기 위해 잘 알려진 위험과 비교된다. 코벨로, 샌드맨, 슬로비치(Covello, Sandman and Slovic 1988)는 『위험 커뮤니케이션, 위험통계 그리고 위험비교Risk Communication, Risk Statistics and Risk Comparisons』라는 저서에서 위험비교를 처음으로 체계적으로 다루었다. 저자들의 견해에 따르면 비교는 위험에 대한 관점을 갖게 하는 데 도움을 준다. 이 비교는 위험의 의미를 더욱더 잘 이해시킨다는 것이다. 또한 이들은 위험비교와 관련되는 문제점을 제시하였다. 위험비교는 대개 잘못 인지된 위험을 '걱정하는 집단'이나 '개인'에게 분명하게 보여주는 행위로 인지되기 때문에 매우 복합적인 모습을 띤다. 이러한 목적은 부정적으로 비쳐질 수 있다는 것을 대부분의 사람들이 알고 있다. 그래서 코벨로, 샌드맨, 슬로비치(1988)는 어떠한 위험비교가 의미 있고 그렇지 않은지를 제시하는 것에 관심을 가졌다.

그들은 다른 것과 비교하여 위험이 별로 큰 의미가 없다는 경고를 '불식시키는' 위험 유형을 논했다. 이들의 견해에 따르면 경고적

인 위험비교는 아주 간단한데, 그 이유는 어떠한 유보적인 모습도
띠지 않기 때문이다. 이들은 위험수용을 표현하는 다섯 개의 척도로
위험을 비교하였다. 척도가 낮으면 낮을수록 수용도는 낮은 것으로
평가되었다.

위험비교의 척도

위험비교
【척도 1: 가장 높은 수용도를 나타냄】 — 동일한 위험을 상이한 시점에서 비교함 — 다른 표준(허용 최저치)
【척도 1: 가장 높은 수용도를 나타냄】 — 한 행위의 실수로 인해 나타나는 위험을 응용에서 나타나는 위험과 비교함 — 문제해결과 관련된 상이한 선택의 위험을 비교함 — 다른 한 장소에서 동일한 위험을 비교함
【척도 1: 가장 높은 수용도를 나타냄】 — 극단적인 위험과 평균적인 위험을 비교함 — 동일한 역효과가 있는 여타 다른 자료의 위험과 역효과가 있는 한 자료의 　위험을 비교함
※(Covello, Sandmann and Slovic 1988)의 위험비교 수용척도에서 인용함

　　이러한 비교연구를 통한 성찰은 놀라울 정도로 높은 학문적인
반향을 불러왔고, 이것은 국제적인 기구가 제시했던 위험 커뮤니
케이션에 대한 일반적 관점과 권고사항에서 쉽게 찾아볼 수 있다

(WHO 2002). 그러나 실증적인 조사들은 이와 같은 수용의 원칙을 뒷받침하지 못하고 있다. 이외에도 우리는 위험비교의 효과를 네 가지 관점에서 분리하여 볼 수 있다.

(1) 위험비교의 수용
(2) 위험의 이해와 관련한 비교
(3) 위험인지에 미치는 비교의 효과
(4) 위험수용에 미치는 위험비교의 영향

라돈 위험과 관련된 위험비교의 영향력을 증명한 첫 번째 연구는 웨인스타인과 그 동료들이(Weinstein et al. 1989) 수행하였다. 이 연구에서는 위험비교가 위험에 대한 이해도를 높였다고 주장하였다. 또 다른 연구는 로스와 그 동료(Roth et al. 1990)가 수행하였다. 이들은 전체적으로 14개의 상이한 위험비교를 제시하고, 피설문자는 7점 척도로 평가하도록 하였다(명료성 있음, 이해에 도움이 됨, 정보의 유용성, 위험의 과대/과소 평가, 안심시킴, 신뢰 형성, '이용될 수 있다'라는 7개의 척도로 표기됨). 동시에 14개의 위험비교는 코벨로, 샌드맨 그리고 슬로비치가 제안한 다섯 가지 서로 다른 범주의 척도에서 차용되었다.

'이용될 수 있다'는 척도는 모든 위험비교에서 거의 비슷하게 잘 평가되었다(평균적으로 1.82와 2.92 사이의 척도에 놓임. 이 연구의 7점 척도에서 1은 좋은 수치이고 7은 나쁜 수치이다). 7점 척도 평가와 코벨로, 샌드맨, 슬로비치의 위험비교 크기 간의 상관분석은 예외 없이 '신뢰형성'에 부정적인 결과를 제시하였다. 여기서는 실제로 상관관계가 제로관계(r=0.1)에 있다. 바로 수용의 등급은 기정사실을 인정하는 공통분모의 역할을 하지는 않는다는 것이다.

한편, 로스와 그 동료(Roth et al. 1990)가 행한 위험비교의 수용은 코벨로와 그 동료(Covello et al. 1990)들이 가정한 것과는 다르게 위험의 유사성에 좌우되지 않는다는 결론에 도달하였다. 존슨(Johnson 2003)의 실험도 로스와 그 동료(Roth et al. 1990)의 관점을 뒷받침한다. 이 연구에서 7점 척도와 위험비교의 등급 사이에는 어떠한 상관성이 발견되지 않았다. 이외에 존슨은 거부 시나리오를 논리적으로 구성하였다. 여기서 위험관리자는 불신임과 시나리오가 거부될 수 있다는 것을 피조사자에게 알려주었다. 이 맥락에서도 마찬가지로 어떠한 상관성이 없었다. 이렇게 볼 때 코벨로와 그 동료들의 모델은 설득력이 매우 낮다.

슬로비치와 그 동료(Slovic et al. 1980)는 3개의 변인과 관련된 또 다른 실험 결과를 보고하였다. 조건 A에서 피조사자들은 간단한 위험과 관련된 시나리오를 제공받았다(학교에서 나타나는 석면공해, 규제의 조건). 조건 B는 이외에 위험비교표와 관련된 정보를 받았다. 끝으로 조건 C는 위험비교표 외에 이 비교에 의문을 표시하는 비판적인 설명서를 함께 받았다. 조건 B에서는 위험비교의 효과에서 가장 낮은 위험인지가 나타났다. 조건 C에서 이 효과는 없었다. 코벨로,

샌드맨, 슬로비치의 연구방법을 옹호하기 위한 이 실험 역시 공적으로 인정된 수용의 등급을 뒷받침하지 못하였다. 위험비교의 영향은 조건의 복합성에 좌우된다는 것을 더욱더 분명하게 하고 있다.

존슨(2002)은 이러한 실험 과정을 다시 수행하였다. 그는 포괄적인 조사연구에서 상이한 정보의 조건이 위험비교에 영향을 미치고 있는지 여부를 검증하였다. 동시에 그는 슬로비치와 그 동료의 연구결과를 검증하였다. 이외에 그의 실험에서는 위험비교의 비판과 관련된 선행적인 논쟁이 비판을 제한하고 있다는 사실을 제시하였다.

여타 다른 실험은 프로이덴베르크와 루르쉬(Freudenberg and Rursch 1994)가 수행한 것이다. 이 두 연구자는 위험에 대한 시나리오를 제시하였다(특수 쓰레기소각로의 건설). 피조사자는 이웃 사람의 역할을 하도록 바뀌었다. 우선 이 시설의 건설에 대한 태도를 물었다(피설문자의 63%는 반대함). 이후 이들에게 독립적인 연구이며, 산업체가 용역을 주었고, 부가적으로 100만 명의 사망자가 발생할 수 있다는 내용이 상세하게 들어 있는 설명서를 제시하였다. 피설문자의 36%는 이 시설물의 건설을 지지하겠다고 하였다(변화되지 않음 54.9%, 뒷받침하지 않음 8.5%). 이후에 '1 대 100만은 한 갑의 담배를 피우는 것처럼 낮은 위험이다'라는 위험비교를 제시하였다. 여기서 62.1%는 이 비교를 통해 자신의 의견을 변화시키지 않았고, 18.2%는 시설물 건설을 지지할 것이라고 답변했으며, 19.3%는 거의 지지하지 않는 입장이라고 분석했다. 존슨(Johnson 2004)은 임의로 가정한 석면 관련 사고에서 위험인지에 미치는 일차원·다차원적인 위험 비교의 영향을 조사하였다. 여기에서는 어떠한 의미 있는 연구 결과도 제시되지 않았다. 이와는 반대로 위험의 공포를 줄이는 것을 겨냥한 설명적인 텍스트가 위험인지에 영향을 미쳤다.

여기서 설명되는 실험에서는 위험비교의 수용이 비교적 높고, 코벨로, 샌드맨, 슬로비치(1988)가 제시한 수용법칙에 좌우되지 않는다는 것을 보여주었다. 로스와 그 동료(Roth et al. 1990), 존슨(Johnson 2002)의 실험에서 피조사자는 위험비교의 수용을 7점 척도의 2~3 사이로 평가하였다. 결과적으로 위험이해와 관련하여 위험비교의 기여도는 높았지만(7점 척도의 2~3 사이에 놓임), 상황적인 맥락(격앙됨, 중립적·긍정적인 분위기)에 좌우되지 않았다. 위험인지에 대한 위험비교의 영향은 대개 부수적인 모습을 나타냈다. 몇 가지 예외는 있지만 별로 중요하지 않은 효과가 발생한 것으로 밝혀졌다. 이것은 부분적으로 위험의 수용판단에 미치는(추정은 되지만, 아직까지 실증적인 연구로 증명되지 않은) 부정적 혹은 발생하지 않은 긍정적 영향을 설명한다. 왜냐하면 수용의 변화는 두 가지 방식으로 이루어질 수 있기 때문이다. 하나는 변화된 위험인지를 통해서, 다른 하나는 변화된 수용기준을 통해서 이루어진다. 또한 위험비교의 수용은 어떠한 경우에도 위험의 유사성에 의해서만 좌우되지 않는다. 결과적으로 인지된 비교의 관점과 더불어 위험의 크기와 중요성에 대한 기존 정보의 일관성 혹은 비일관성이 더욱더 큰 역할을 함을 분명히 볼 수 있다.

전체적으로 볼 때 다음과 같은 논의가 이루어질 수 있다. (1) 위험비교는 수용된다. (2) 위험비교는 위험의 이해에 명확한 영향을 준다. (3) 위험비교는 위험인지에 전혀 영향을 주지 않는다. (4) 위험비교는 위험수용에 거의 영향을 주지 않는다.

4. 불확실성과 불명확성의 커뮤니케이션 연구 결과

위험평가는 일반적으로 불확실성과 연결되어 있다. 이것은 우선 위험의 **크기** 문제이고, 다른 하나는 대개 '재난hazard'과 이에 연결된 예상 가능한 위험이 있는지의 여부이다. 이러한 두 경우와 관련하여 우리는 먼저 **불확실성**을 이야기하고, 그 다음에 **불명확성**을 이야기할 수 있다. 대부분 현재의 위험 커뮤니케이션 연구는 불확실성에 대한 표현형태의 효과에 정향되어 있다.

위험정보와 관련된 불확실성의 주제화는 관련자들이 오히려 잘 이해하지 못한다. 이 주제화는 상반된 평가를 유도할 수도 있다. 부분적으로 이것은 각각의 정보원에 대한 신뢰의 증가를 유도한다. 그러나 이것은 일정 부분 무능력하며 진정성이 없다는 의미로 평가된다(Johnson and Slovic 1995 참조). 따라서 걱정에 미치는 영향과 관련하여 일관된 연구 결과가 제시되지 않고 있다. 존슨과 슬로비치(1998)

는 위험평가에서의 불확실성 평가와 인지를 위한 또 다른 연구에서 응답자들이 신뢰성 척도에서 상한치를 가장 신뢰할 수 있는 평가치로 간주하고 있다는 사실을 발견했다. 이와 비슷한 결과를 비스쿠시(Viscusi 1997) 역시 확인하고 있다.

이외에도 응답자들은 불확실성의 원인을 그 자체의 특성으로 보지 않고, 오히려 사회적인 요인(무엇보다도 개인적인 이해관계 그리고 인지된 전문가의 무능력)으로 여기고 있다. 또한 다수의 의견 역시 신뢰할 수 있는 논거로 간주되지 않는다. 피설문자는 대개 이러한 위험이 개별적으로 나타나는데도 가장 나쁜 상황만을 염두에 둔다. 존슨(2003)은 한 조사연구에서 피설문자의 다수는 대부분 이해되지 않는 불확실성을 접하게 되면, '이것이 안전해요?'와 같은 매우 간단한 질문을 끌어내려 한다는 것을 제시했다. 왜 전문가들이 행한 위험평가에 대하여 불확실성이 있다고 언급하는지를 물었을 때, 피설문자는 오히려 부정적인 설명(충분하지 못한 지식, 기만적인 의도)을 제시한다는 것이다.

쿤(Kuhn 2000)은 불확실성의 언급에 대한 해석은 사전에 이미 갖는 관점과 불확실성의 서술 유형에 좌우된다는 것을 확인하였다. 예를 들어 일반적으로 위험을 걱정하는 사람으로 구분되거나 평가된 사람은 관공서의 낮은 (위험)평가가 아니라 비판자 집단의 평가를 통해 가장 나쁜 위험평가의 상황을 믿는다. 따라서 이들은 별로 걱정하지 않는 집단에 비하여 높은 위험평가를 제시한다. 이러한 집단간의 차이는 불확실성의 원인이 신뢰성에 문제가 있다거나 순전히 서술적으로 표현되었을 때는 나타나지 않았다. 각 정보원에 대한 어떠한 언급이 없을 때에도 나타나지 않았다. 요컨대 사람들은 위험평가와 관련한 정보를 얻으면 그들이 신뢰하는 것만을 선택적으로 믿는다는 것이다.

마일즈와 프리버(Miles and Frewer 2003)는 위험인지에 미치는 위험평가의 불확실성에 대한 일곱 가지의 상이한 유형을 조사했다. 바로 특정한 것의 일반화에서 불안전성, 측정오류, 전문가간의 의견불일치, 위험의 크기에 대한 불안전성, 가변성과 노출의 불안전성, 위험관리와 관련한 불안전성이었다. 연구 결과는 위험인지에 미치는 불확실성의 영향은 맥락에 특화되고, 위험평가가 광우병 혹은 흑사병을 다루는지, 그 주제의 중요성에 따라 다르다는 것을 제시하였다. 동시에 위험관리와 관련된 불확실성, 위험의 크기와 특정한 것의 일반화에서 나타나는 불확실성은 인지되는 위험에 가장 큰 영향을 미친다.

오드젠과 그 동료(Odgen et al. 2002)는 의사와 환자의 상호작용의 관점과 관련하여 신뢰성은 불확실성이 이야기되는 유형과 방식에 영향을 받는다는 것을 제시하였다. 예를 들어 의사가 교과서적인 말을 하거나 불확실성을 서술적으로 표현했을 때('내 진단이 확실하지 않습니다' 등의 표현) 환자가 제시한 서술의 신뢰성에는 큰 차이가 나타났다. 이러한 서술적 의견의 표명은 오히려 부정적인 효과를 나타냈다.

'위해성 평가'에서 불확실성의 인지 및 평가와 관련된 연구 결과는 매우 드물다. 독일 율리히 연구소의 위험 커뮤니케이션 연구소가 수행한 연구(Thalmann 2004)는 서술적인 특성에 대한 이해와 인지가 어떠한 영향을 미치는지를 탐구하였다. 이와 동시에 전자파가 미치는 영향을 서술하는 데 사용한 전자파위원회(SSK)의 '증거강화 범주'가 다루어졌다. 이 연구에서 피실험자는 위험에 대한 **주의경고, 의혹, 증거**를 전자파위원회에서 예견한 것과는 다르게 평가하였다. 즉, 전자파위원회에서는 **'증거〉의혹〉주의경고'** 형태로 그 의미를 차등화하였지만, 이 연구에서 피설문자의 절반 이상(55%)이 **'증거〉주의경고〉의혹'**의 차례로 순서화하였다. 피설문자는 증거의 범주 **'주의경고'**를 '의혹' 수준보다 더 신빙성 있는 것으로 간주하는 경향을 나타낸 것이다.

탈만(Thalmann 2004)의 연구 결과는 위험의 표현형식이 위험평가에 영향을 미치고 있음을 계속 제시하였다. 탈만은 본인이 행한 실험에서 하나는 도표 형식으로, 다른 하나는 텍스트 형식으로 제시한 위험의 증거를 강약으로 표시하여 그 변화를 비교하였다. 이 실험에서 나타난 위험평가에 대한 변화는 단지 도표 형식에서만 나타났다. 이것은 탈만이 전자파위원회(2001)에서 증거를 명확히 제시하는 방법으로 사용한 것처럼, 도표가 텍스트에 비해 증거를 표현하는 데더욱 적합하다는 사실을 의미한다.

5. 요약

결론적으로 위험 커뮤니케이션의 행위와 관련하여 몇 가지 결론을 끌어낼 수 있다. 위험 커뮤니케이션 연구에서 불확실성과 불명확성에 대한 커뮤니케이션은 핵심적인 주제가 되고 있다. 이러한 맥락에서 가능하면 위험은 양적으로 표현되어야 한다. 일상적인 용어로 표현을 바꾸는 것은 별다른 의미를 갖지 못한다. 예를 들어 '현저하게' '겨우 간신히' '엄청난' 같은 표현에 들어 있는 질적인 특징화는 매우 상이하게 해석되기 때문이다. 이것의 해석은 각각의 '최종적인 상황과 단계'에 좌우된다. 이미 서술한 '공포의 효과'는 주목할 만한 것이다. 두통에서 '아마도'라는 표현은 암 발병의 경우와는 다른 의미를 갖는다. 위험의 확률적인 형태가 양적으로 표현된다면, 기본 비율이 제시되지 않은 상대적 위험은 거의 아무 문제도 야기하지 않는 것에 유의해야 한다. '100명 당 두 사람 중의 하나'라는 표현과 '100만 명 당 두 사람 중의 하나'라는 암 발생률의 표현은 매우 다른 것이다.

별로 복잡하지 않은 위험의 상호비교는 위험비교 연구에 일정한 기여를 하였다. 그러나 이러한 비교가 위험평가에 대한 변화를 목적으로 이루어진다면 별다른 의미를 갖지 못할 것이다. 왜냐하면 일반적으로 어떠한 영향력도 발휘하지 못하기 때문이다. 전체적으로 불확실성과 불명확성에 대한 커뮤니케이션과 관련한 실증적인 연구 결과는 오히려 모호하고 난해한 모습을 제시한다. 지금까지는 이 연구 결과와 관련하여 지속적 의미를 갖는 어떤 적합한 형식도 없다. 위험평가에서 불확실성의 속성은 전혀 이해되지 않고 있다. 이것은 위험평가를 높게 하기도 하고 낮게 하기도 한다. 신뢰를 형성하기도 하고 반대로 불신임을 만들어내기도 한다. 이것이 어떠한 형태로 작동하는지는 확실히 맥락에 크게 좌우되는 것을 볼 수 있다. 그러므로 현재 불확실성을 서술하는 것에는 문제가 있다.

이와 비슷하게 잠재적 위험의 제시와 관련하여 불명확성에 대한 정보가 미치는 영향의 결과 또한 명확하게 제시되지 못하고 있다. 그래서 이와 관련된 연구는 매우 시급하다. 연구가 충분히 이루어질 때까지 위험 커뮤니케이션에서 잠재적 위험과 관련하여 증거를 제시하는 정보를 '주의경고' 또는 '의혹'으로 특징화시키거나, 혹은 '추측컨대' '아마도 가능한'으로 등급화하는 것에는 조심을 해야할 것이다. 예상 가능한 효과에 대한 조심스런 평가 없이 불명확성을 특징화시켜서는 안 된다. 위험분석을 할 때 엄격한 학술적인 방법론을 따르지 않고 위험 커뮤니케이션을 의도한 행위에 제대로 연결시키지 못한다면 어떠한 의미도 갖지 못할 것이다.

8장

학술적인 연구 결과와
일반인의 위험인지

COMMUNICATION

전문가와 일반인의 위험논쟁에서는
상이한 결론 도출로 인해 싸움이 벌어진다.

한스 페터(아헨공과대학 율리히 연구소 교수)

1. 들어가는 말

새로운 기술의 잠재적 위험과 관련하여 학자·전문가의 의견과 일반
인의 의견 사이에는 매우 큰 괴리가 있다는 주장은 여러 가지 유추
해석을 가능케 한다. 이러한 주장과 관련하여 다양한 근거가 논의되
고 있다. 가장 중요한 관점은 전문가는 대개 객관적인 데이터로 피
해 규모와 발생 확률로 위험측정을 논하려 하는 데 반해 일반인은
이러한 크기와 양 이외에 다른 판단기준을 함께 끌어들여서 위험을
포괄적인 관점에서 판단한다. 개인적인 평가에 있어 위험을 통제 가
능한 것으로 분류하느냐, 위험이 잘 알려져 있느냐, 위험이 없다고
믿느냐 하는 것은 결정적인 의미를 갖는다. 일반인에게 중요한 것은

위험에 대한 인지된 특성, 예를 들어 위험과 관련하여 느끼는 참혹성 같은 표상이다. 개인적인 경험과 확신, 세계관은 마찬가지로 개인적인 위험평가에서 중요한 요인으로 작동한다.

미디어는 이러한 것에 일정한 기여를 한다. 적절한 때에 위험결과와 위험주제에 대한 보도를 하여 위험은 일반인에게 '관념적인' 것으로 수용된다. 일반인의 위험평가에서 이러한 위험주제는 때로는 인지적으로 존재하고, 일반적으로 매우 위험한 것으로 평가된다. 일반인의 이러한 정성적인 관점은 핵심적인 역할을 하는 반면에, 학술적인 위험평가에서는 이러한 것이 거의 고려되지 않는다. 〈그림 1〉은 주관적 판단기준이 학술적인 위험 개념을 확대하는 핵심적 과정을 잘 요약하여 보여주고 있다.

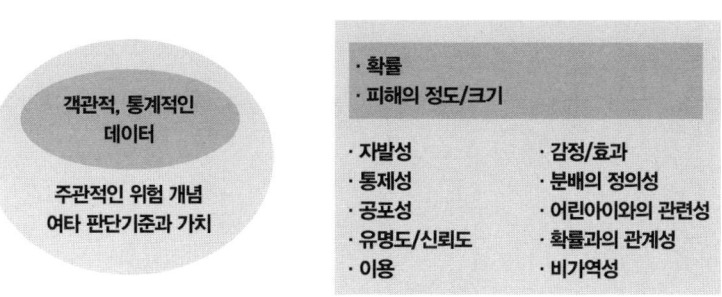

그림 1_ 확률성과 피해의 규모 그리고 일반인의 위험평가에서 주관적인 판단기준

2. 학술적인 인식의 해석에서 확률성의 표현과 그 역할

일반인과 전문가는 위험 개념을 이해하는 데 있어 근본적으로 다른 모습을 한다. 또한 일반인은 확률과 위험가치의 이해에서도 사뭇 다른 모습으로 이해를 하고 있다. 일반적으로 일반인은 측정된 양적인 (위험)표현을 전혀 이해하지 못하거나 단지 겉핥기식으로 이해할 수 있다. 암 발생확률을 1:1,000,000(100만분의 일) 등으로 표현한 설명은 일상생활에서는 보기가 매우 드물다. 그래서 일반인들은 위험을 쉽게 이해하기가 매우 힘들다.

이외에도 이러한 통계적 크기는 맥락과 관계가 있다. 이러한 통계적인 서술과 설명에 대한 적합한 소개나 설명이 없으면 계속해서 잘못된 해석을 하게 된다. 가이거렌저(Gigerenzer 2002)는 내일 비올 확률이 30%라는 메시지를 예로 들어 설명하고 있다. 이 메시지의 해석에서 확률이 무엇에 관계되는지가 문제된다. 피설문자는 내일이라는 날짜를 매우 상이한 형태로 이해하고 있었다. 대다수는 내일이라는 말을 총 시간, 즉 24시간의 30% 정도가 비가 온다고 이해하고 있다. 이들 이외의 일부는 모든 지역의 30%에 비가 온다고 이해하였다. 나머지 다른 사람들은 과거 지난날의 30%가 내일처럼 비가 왔을 것이라고 이해하였다.

통계적인 정보 해석에서 나타나는 또 다른 문제는 관련된 크기의 관점과 위험에 대한 정확한 평가에 있다. 예컨대 암 발생확률이 대안적인 치료에 의해 20% 줄어들었다고 이야기한다면 이것은 상당한 주목을 받는다. 하지만 이러한 메시지의 경우 정확한 이해를 위해서는 새로운 치료법이 기존의 치료법에 비하여 성공적이었다는 평가를 근거 숫자와 함께 제시해야 한다. 그래야만 이 근거 숫자는 예상되는 암 발생 확률이 과거에 제시된 확률적 논의(예컨대, 1/10, 1/1,000)와 차이를 갖는 것이다. 이렇게 하여 이 성공은 1/8 또는 1/800의 경우로 수치화하여 좀 더 높은 가능성이 있다는 것을 강조할 수 있다.

확률성과 커뮤니케이션할 수 있는 또 다른 방법은 말로 설명하는 것이다. 그러나 여기서 문제가 나타난다. 왜냐하면 구두로 전달하는 확률적인 메시지(예를 들어 '아마도' '매우 드물게' 등등) 제시는 종종 불확실하며 막연한 것으로 평가될 수 있기 때문이다. 그리고 맥락을 통해 어떤 것을 이해하는 데 쉽게 영향을 미칠 수 있다. 예를 들어 '종종 영화관에 가냐'는 메시지는 '종종 미국에 가냐'는 것과는 다른 수치로 배열될 것이다(Newstead and Collis 1987). 구두적인 설명은 마찬가지로 위험에 대한 학술적인 인식기준의 표현에서 나타난다. 이것은 무엇보다도 소위 '불분명한' 위험—현재의 증거가 명백한 위험이 있다고 표현할 수 없는 경우에—과 관련해서 어떠한 역할을 한다. 이동통신과 생명공학기술이 이에 해당한다.

탈만(Thalmann 2005)은 상이한 학술적인 위험진단 결과에 대한 구두적인 설명에서 잘못된 해석의 사례를 연구하여 제시하였다. 이

보고서에서 탈만은 일반인에게 행한 구두적인 증거 설명은 전문가가 의도한 것과는 다르게 해석되거나 이해되고 있음을 제시하였다. '일관된 증거 제시' '의혹' 같은 구어적인 표현들은 다중적 의미를 내포하며 맥락에 좌우되는 모습을 갖는다. 이것은 해석에 있어서 개인마다 큰 차이가 있음을 의미하고, 일상적인 표현과 이러한 명료하지 않은 표현이 종종 큰 갈등을 발생시킨다는 것을 말하는 것이다.

3. 학술적인 인식의 해석에서 불확실성의 표현과 그 역할

학술적인 지식에서 불확실성의 표현은 학술적인 인식의 해석과 관련하여 해결되지 않고 있는 논쟁점이다. 이와 관련하여 많은 문제가 논쟁점이며, 극소수의 실증적 연구만이 부분적으로 이것을 설명하고 있다. 이러한 연구와 관련하여 일반적으로 전문가는 두 개의 집단으로 나뉜다. 한 집단은 잠재적 위험에 대한 불확실성을 언급하는 것은 공중을 불안하게 하고 격앙시키며 근심시킨다고 주장한다. 일부의 조사연구는 일반인들이 이러한 학술적인 불확실성을 학자들의 무능력과 부정직함으로 간주한다고 제시하였다(Johnson and Slovic 1995; Johnson 2003).

반대로 다른 한 집단은 불확실성에 대한 언급은 확실하게 송신자(예를 들어 관공서)의 신뢰성을 높인다(Mac Gregor, Slovic and Morgan

1994; McMahan, Witte and Meyer 1998)는 관점을 견지하고 있다. 최근의 연구에서는 위험 또는 위험정보의 인지는 이동통신, 유전공학 등 개별 주제에 대한 개인의 신념과 관점에 크게 좌우된다는 사실을 제시하고 있다. 이외에도 위험송신자(관공서, 산업체, 시민단체의 대표자가 송신자 역할을 하는 것을 지칭하는 표현임)의 정보는 불확실성 또는 위험의 이해에 영향을 미친다(Kuhn 2000)는 주장도 제기되고 있다.

4. 학술적인 인식의 해석에서 신념의 역할

이미 앞에서 이야기했듯이 신념은 위험의 인지와 관련하여 매우 중요한 역할을 한다. 학술적인 인식의 해석과 관련하여 정보의 수용에 영향을 미치는 신념이 정보를 걸러내는 기능을 한다는 사실은 우리의 관심을 끈다. 위험논거와 관련한 신념의 평가에서 율리히 연구소가 수행한 연구는 이러한 논의를 실제적으로 보여주었다(Schuetz and Wiedemann 2004; Grutsch and Thalmann 2004). 이 연구에서 각 사람들의 신념을 평가하기 위하여 위험에 찬성하는 근거와 반대하는 근거를 피조사자들에게 제시하였다.

이 연구는 명확한 결과를 제시하고 있다. 휴대폰 위험을 걱정하는 사람이나 휴대폰이 위해하다는 신념을 갖고 있는 사람은 휴대폰의 위험성을 제시한 모든 논거를 설득력 있는 것으로 간주하였다.

휴대폰의 위험에 대한 논쟁에 자극을 받지 않고 예상 가능한 휴대폰의 위해성에 다른 어떠한 생각을 하지 않은 사람은 위험이 매우 적다는 등급을 주거나 위험을 배제한 논거를 선호하였다. 또한 예상 가능한 위험에 대해 어떠한 의견을 만들지 못하는 집단이 있다. 바로 위험하지는 않지만 안전하지는 않다는 불확실한 집단이다. 이 집단의 사람은 그 평가가 두 집단의 사이에 놓여 있다. 〈그림 2〉에 각 집단의 평가가 제시되어 있다. 이 그림에서 왼쪽의 네 가지 항목은 전자파의 위험이 없다는 근거를 제시하는 것이고, 오른쪽은 위험이 있다는 것에 찬성하는 논거를 말한다.

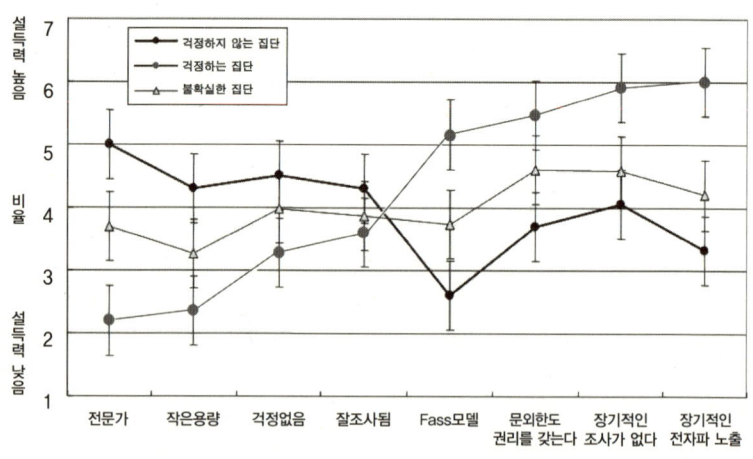

그림 2_ 찬성과 반대의 논거가 갖는 설득력의 평가와 집단간 차이점

5. 학술적인 인식의 해석과 관련한 정보의 역할

위험정보는 드물게 '사실적으로' 표현된다. 매일 '이야기'를 전달하는 것이 주 임무인 미디어를 가정해 보자. 위험에 대한 커뮤니케이션은 어떠한 경우에도 기피될 수 없다. 그러나 '객관적인' 위험에 대한 서술과 관련하여, 위험정보는 여러 가지 상이한 모습을 나타내는 기사를 거의 담고 있지 않다. 그래서 화학 사고를 일으킨 기업은 '최소한의 위험만을 방지하려는 파렴치한 재벌기업 또는 일상적인 안전기준을 무시하고 일을 하는 지역의 작은 기업'으로 묘사되는 정도의 차이만 있다(Wiedemann, Clauberg and Schuetz 2003). 이러한 비슷한 모습은 찬성과 반대의 전선으로 극명하게 구분되는 휴대폰 위험의 논쟁에서(도) 나타난다. 잠재적 위험에 대한 정보는 종종 일방적으로 '틀 지워지는' 것을 볼 수 있다. 그래서 찬성자는 잠재적인 휴대폰의 위험에 대비한 '안전관리'를 이야기하고, 비판자는 '위험으로부터의 보호'를 이야기한다(Thalmann, Grutsch, Bernhard and Wiedemann 2004). 동일한 모습이 두 개의 서로 다른 틀을 형성하는 것이다.

6. 요약

결론적으로 위험에 대한 학술적인 인식의 해석과 관련하여 상이한 판단기준이 작용하고 있다는 사실을 확인할 수 있다. 먼저 위험은 상이하게 평가된다는 것이다. 왜냐하면 일반인과 전문가는 상이한 평가기준에 자신의 판단을 적용시키기 때문이다. 또한 위험의 핵심적인 특징이 단순한 해석규정과 이에 근거하여 결론을 끌어내는 방법론으로 인해 잘못 해석된다는 것이다. 이러한 인지적인 판단잘못 외에 신념과 같은 여타 요인이 학술적인 인식의 해석에서 독특한 역할을 한다는 비판이 제기된다. 신념은 설득력 있는 특정 정보만을 통과시켜서 그 관점만을 평가에 적용시키는 필터로 작용한다고 주장되기 때문이다. 이러한 필터 기능은 또한 특정한 정보의 표현을 통해서 촉구된다. 한 정보가 구성되는 맥락은 이러한 보기가 된다. 학술적인 인식의 전달 과정에서 왜곡되고 잘못 해석된 지식은 공정한 커뮤니케이션을 저해하기 때문에 최소화시켜야만 한다. 위험정보의 개발과 관련하여, 학술적 지식에 근거한 명확한 표현을 도모하고 이러한 것을 효과적으로 커뮤니케이션하기 위해서는 위험 커뮤니케이션 연구가 제공한 결과와 지식을 활용해야만 할 것이다.

9장

재난영화 속의 과학

COMMUNICATION

사이비과학에 대한 열광은 환경, 보건, 방역 그리고 여타 긴급한
문제에 관한 잘못된 결정을 끌어내는 위험한 토대가 된다.

송해룡(성균관대 신방과 교수)

1. 과학과 미디어의 새로운 관계

일간신문이나 TV뉴스에서 과학이 1면기사나 첫 번째 뉴스꼭지로
다루어지는 경우는 매우 드물다. 노벨상 소식이나 중대한 발견이 아
닌 경우를 빼고는 과학은 좀처럼 뉴스가치를 갖지 못한다. 그래서
과학이 사회적인 여타 사건과 뉴스가치로 경쟁한다면 성공의 확률
은 거의 없다. 뉴스가치뿐 아니라 해석에서도 큰 차이가 나기 때문
이다. 사회와 과학의 뉴스가치 관계는 최소한 미디어와의 관계에서
위험한 단계에 있는 것이다. 최근 이러한 상황이 점점 더 현저하게
나타나고 있다. 미디어에서 오락가치가 중시되면서 과학과 같은 딱
딱한 콘텐츠는 설자리를 잃어가고 있다. 과학 이슈가 여타 이슈보다

재미있고 대중의 관심을 더 많이 끌었던 적은 없었지만, 최근에는 과학에 대한 신뢰성의 문제까지 등장하고 있다. 과학에 대한 공중의 신뢰는 여러 사건에 의해 흔들려왔는데 유럽에서는 광우병 보도, 한국에서는 황우석 교수 사건으로 과학과 사회가 다투는 모습을 넘어서 위험한 관계로까지 발전하고 있다. 그래서 일련의 연구는 대중이 과학에 기초한 사건에 대한 보도나 전문가의 의견을 점점 더 믿지 않는다고 경고한다. 이러한 상황은 '과학에 대한 신뢰'를 높이기 위한 대응책을 요구한다.

미디어의 발달에 따라 신문이나 TV의 과학보도가 늘어나면서 과학에 대한 미디어의 영향력이 커지고 있지만, 최근에 영화 속의 과학이 공중에게 미치는 영향은 TV와 신문을 능가하고 있다. 과학을 소재로 한 소위 SF영화가 큰 인기를 끌고 있다. 이 가운데 최근에는 과학적 사실에 근거한 재난영화가 과학에 대한 공중의 이해를 높이는 데 영향력을 발휘하고 있다. 재난영화는 '재난'과 '인간'이 핵심 키워드로 자연재난 또는 인위적 재난에 맞서 싸우는 줄거리를 중심으로 혜성충돌, 폭우, 화산폭발, 토네이도, 환경재앙을 그 소재로 삼고 있다. 그 대표적인 사례로 〈타이타닉〉〈인디펜던스데이〉〈볼케이노〉〈아마겟돈〉〈투모로우〉〈아폴로 13〉〈딥 임팩트〉〈버티칼 리미트〉〈2012〉 등을 들 수 있다. 이러한 영화들은 과학적 사실을 유추하여 재난이나 재앙을 경고하고 설명하려는 현대적 욕구를 대변하고 있다.

이 가운데 〈투모로우〉 같은 재난영화는 지구온난화와 인위적인 환경재앙의 문제점을 경고하려는 소위 '시대의식이 반영된 재난영화'라고 할 수 있다. 환경재난 영화는 여타 뉴스나 보고서보다도 공중에게 환경문제를 잘 인식시키는 파급효과를 갖는 것으로 인정되고 있다. 그러나 신문잡지와 TV 외에 영화는 과학에 흥미를 갖게 하면서도 반대로 편견을 갖게도 한다. 이러한 관계에서 영화는 과학에 대한 공중의 이해에 새로운 영향을 미치는 미디어의 의미를 갖는다.

재난영화 속에 나타나는 과학은 최근에 큰 관심을 불러일으키고 있다. 이에 따라 이 장에서는 과학과 사회의 관계에서 새로운 담론을 형성하는 재난을 주제로 한 영화 〈투모로우〉를 중심에 놓았다. 미국의 영화제작사인 20세기 폭스는 2004년 5월, 80여 나라에 신작 재난영화인 〈투모로우〉를 공급하였다. 제작자이며 감독인 롤랜드 에머리히Roland Emmerich는 부시 행정부의 환경정책과 글로벌 기후대책에 매우 비판적이다. 이 영화 〈투모로우〉를 통해 환경재난에 대한 의식을 넓히려는 것이 제작의 목적이었다. 실제로 이 영화가 공중에게 어떠한 영향을 주어서 새로운 환경의식을 만들어냈는지에 대한 관심은 과학과 미디어의 관계에 새로운 질문을 던졌다. 기후과학자들은 이 영화의 과학적 사실을 매우 비판하였다.

한편, 이 영화는 다음과 같은 두 개의 중요한 갈등 메시지를 전달한다. 과학과 정책 사이의 갈등은 과학적 사실에 대한 정확한 이해와 그 의미에 대한 몰이해에서 발생한다는 것과, 과학자의 공적인 역할과 보통 시민과 가족의 일원으로서 사적인 개인간에 발생하는 역할갈등에 대한 메시지이다. 첫 번째 갈등은 주로 기후과학자와 대통령 사이에서 발생하였고, 두 번째는 주인공인 잭 홀Jack Holl, 그리고 부인과 아들 사이에서 발생하였다. 실제로 〈투모로우〉에서 대부분의 내용과 시간은 일상적인 일과 과학자의 경험과 연계된 문제를 보여주었지만, 그 내용은 과학자의 일상적인 모습과는 거리가 먼 형태로 이상화시켰음을 볼 수 있다. 그래서 여기에서는 이 영화가 우리나라의 대학생들에게 소위 학습효과가 있는지를 밝히는 데 초점을 두었다.

2. 〈투모로우〉의 과학적 배경

영화의 과학적 배경에 대한 많은 비판은 대부분 과장과 잘못된 사실을 언급하고 있다. 영화 〈투모로우〉의 과학적 사실에 대한 평가는 전형적으로 기상학과 해양학에 기초하고 있다. 기후환경변화는 주로 자연과학적인 현상으로 설명되지만, 이산화탄소의 배출이나 감축과 관련된 인위적인 요인을 언급하지 않을 수 없다. 이산화탄소의 감축은 과학적인 연구를 넘어서서 이제 사회과학적인 접근방법도 요구하고 있다. 이에 따라 기후변화라는 이슈는 현재 '혼합적인 연구의 대상'으로 간주되고 있다. 기후환경변화 연구는 영향을 측정하고, 비용, 사회적인 수용 능력 등을 측정하는 사회과학 연구방법과 접목이 되고 있다. 그런데 이 영화에서 사회과학적인 공적 논의는 전혀 언급되지 않았다. 이 영화의 과학적인 현실성을 분석해 보면 다음과 같다.

표 1_ 〈투모로우〉에 나타난 설명들의 현실성

〈투모로우〉 영화에서 나타난 설명	과학적인 사실의 설명
1. 기후환경변화가 있다	사실임
2. 인위적인 환경변화가 있다	사실임
3. 지구온난화로 인해 남극과 북극의 얼음이 녹을 것이다.	사실임
4. 지구온난화는 북대서양의 열염의 순환(thermohaline circulation)을 멈추게 할 것이다	논쟁이 있으며 배제할 수 없다.
5. 지구온난화는 극단적인 날씨 형태를 가져올 것이다	사실 / 매우 가능성이 있다
6. 지구온난화는 북반구에 새로운 빙하기를 가져올 것이다	매우 믿을 수 없거나 / 잘못된 것임

7. 지구온난화는 쓰나미 같은 해일을 가져올 것이다	잘못된 것임
8. 한랭세포에서 화씨 150도라는 급격한 온도변화가 발생한다	잘못된 것임
9. 미국의 기후정책은 기후변화라는 과학적인 토대에 반하는 모습을 한다	사실임
10. 미국의 기후정책은 주로 경제적인 이유로 교토의정서의 비준에 반대할 것이다	사실임
11. 기후변화로 인해 상당한 미국민이 멕시코로 환경피난을 떠날 것이다	매우 믿을 수는 없지만, 배제할 수는 없다.
12. 미국은 발전도상국가에 큰 빚을 탕감해 줄 것이다	믿을 수는 없지만, 배제할 수 없다
13. 미국의 대통령은 미국의 잘못된 정책을 전 세계에 사과할 것이다	매우 믿을 수는 없지만, 배제할 수는 없다.

　　기후환경변화의 혼합적인 특성을 진지하게 고려하고 사회과학적인 특성을 고민해 본다면, 〈투모로우〉의 과학적인 진실성은 매우 부족하다는 것을 알 수 있다. 2004년 12월 26일 우리는 쓰나미라는 치명적인 자연재해를 경험한 바 있다. 쓰나미는 지구온난화와 재난

의 의미를 새로운 차원에서 보는 데 중요한 역할을 하였다. 최근 지구촌 전역에서 나타나고 있는 기후환경변화들은 단순한 우려의 차원을 넘어서 공포의 차원으로 확장되는 추세이다. 이렇게 지구온난화가 주는 위험상황이 중요한 이슈가 되고 있는 상황에서 영화 〈투모로우〉는 객관적인 사실성은 미흡해도 사회적인 각성을 촉구하는 데는 훌륭한 메시지를 전달하고 있다.

3. 〈투모로우〉의 학습효과에 대한 분석 결과

국내에서 〈투모로우〉의 학습효과가 어떠한지를 측정하기 위해 영화를 관람하기 전과 후의 두 차례, 동일인을 대상으로 실험조사를 진행하였다. 조사는 2006년 4월 6일과 4월 13일에 이루어졌다. 이 설문은 기후, 기후변화, 기후환경정책, 이산화탄소의 배출 경감과 축소 같은 여러 환경문제와 관련이 있어서 설명에 어려움이 있었다. 주로 지구온난화에 따른 환경재난의 가능성에 어떠한 의견을 가지며, 이러한 의견 형성에 이 영화가 영향을 주었는지를 확인하는 데 초점을 두었다.

이 연구는 대학생을 대상으로 하였기에 일반화에는 한계가 있다. 실험에 참여한 대학생은 총 148명으로 남자가 72명, 여자가 76명이었다. 연령은 '19~24세'가 가장 높은 비율(77%)을 차지하였으며, 다음으로 '24~30세(22.3%)' '30세 이상(0.7%)'의 순이었다. 다음으로 이전에 재난영화(〈타이타닉〉〈볼케이노〉〈아마게돈〉〈트위스터〉등)를 관람한 적이 있는지를 질문한 결과, 96.6%라는 압도적인 비율로 경험이 있는 것으로 나타났다. 재난영화를 관람한 집단에게 '재난영화에 얼마나 관심이 있는가?'라는 질문을 한 결과 가장 높은 비율을 보인 것은 '약간 관심 있음(56명, 39.1%)'이었으며, 다음으로는 '보통(50명, 35%)' '매우 관심 있음(20명, 14%)' '별로 관심 없음(17명, 11.9%)'의 순이었다. 전체적으로 보아 재난영화에 대한 관심은 적지 않지만, 큰 관심을 보인 비율이 그리 높지는 않은 것으로 나타났다.

3.1 영화 〈투모로우〉의 메시지에 대한 평가

응답자 중 과반수가 넘는 109명(75.2%)은 '기후재앙을 막기 위해 환경을 보호해야 한다'는 것을 영화가 주는 메시지로 평가했다. 그리고 '기후변화가 다가오는데 우리는 아무것도 할 수 없다'고 평가한 집단이 그 뒤를 이었다. 결과적으로 영화를 관람한 사람들은 기후변화에 대한 무기력한 대응보다는 적극적으로 기후변화에 대비해야 한다는 능동적인 대응을 선택하는 것으로 이해된다.

3.2. 영화 〈투모로우〉에서 얻는 교훈에 대한 평가

응답자들이 영화를 통해 기후변화에 대해 얻는 것이 있는지를 구체적으로 질문하였다. 분석 결과 주목할 만한 점은 영화를 통해 새로운 것을 '전혀 얻지 못했다'고 답한 사람이 한 명도 존재하지 않았으며, 모든 응답자들이 영화를 통해 기후변화에 관한 새로운 것을 배웠다고 답했다. 응답자 중 가장 높은 비율을 보인 것은 '한두 가지 (49.3%)'라고 응답한 집단이었으며, 다음으로는 '매우 많이(32.6%)' '약간(18.1%)'의 순이었다.

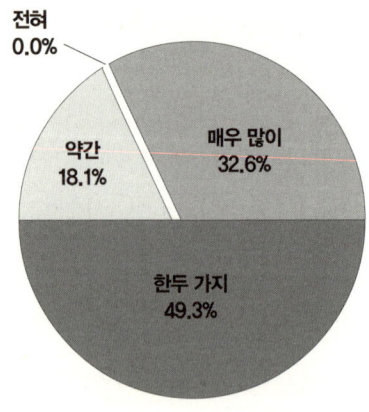

그림 1_ 영화에서 얻는 교훈에 대한 평가

3.3. 영화 〈투모로우〉의 현실감

실제 영화에서는 수박만한 우박이 동경을 강타하고 허리케인이 하와이 해안을 급습하며, 인도 뉴델리에 눈이 내리는 등 세계적인 기후 피해의 장면을 목격할 수 있다. 피실험자들에게 본 영화에 대한 현실감을 질문한 결과, 실험자들이 '과장되었으나 과학적으로 믿을 만한 근거'라는 응답(85.8%)을 하였으며, 다음으로는 '기상과학이 설명하는 수준(10.1%)' '현실과는 전혀 관련 없는 완전한 허구의 픽션(4.1%)'의 순으로 나타났다. 대다수의 관객들은 본 영화의 허구성을 어느 정도 인정하지만, 현재 북극 빙하가 빠른 속도로 녹고 있는 등 영화의 재난상황이 현실화될 수 있다는 가능성으로 인해 영화의 내용을 과학적으로 믿을 만한 근거가 있다고 판단한 것으로 이해된다.

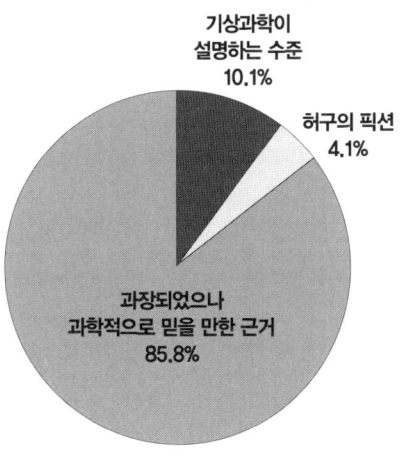

그림 2_ 영화에서 얻는 현실감에 대한 평가

4. 기후변화 가능성과 위험요인에 대한 평가

4.1. 기후변화 가능성에 대한 질문

다음의 〈그림 3〉을 통해서 확인할 수 있듯이 영화 관람 전후를 막론하고 피실험자들은 기후변화의 가능성에 대해 동의하는 응답을 하였다. 실제로 영화를 관람하기 전 66.7%에 달하는 응답자들이 기후변화의 가능성에 대해 '그러함'이라는 답변을 하였다. '매우 그러함'이라는 응답을 피력한 경우도 25.9%에 이르렀다. 반면에 '별로 그렇지 않음'이라고 답변한 경우는 7.4%에 지나지 않았으며, '전혀 그렇지 않음'이라고 응답한 사람은 한 명도 존재하지 않았다.

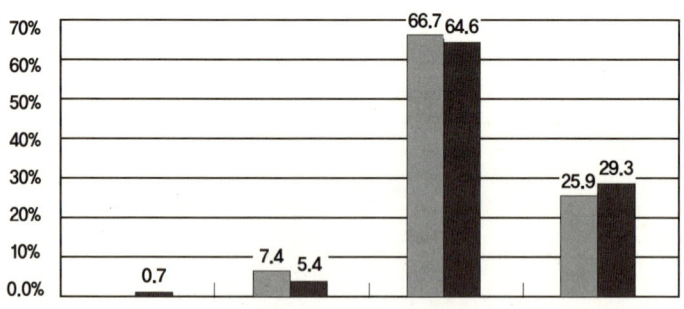

그림 3_ 영화 관람 전과 후의 기후변화 가능성의 응답변화

관람 전
관람 후

영화를 관람한 이후에도 이러한 응답경향은 크게 변화되지 않았다. 다만, '그러함'이라고 응답한 비율이 다소 줄어든 반면(66.7%→64.6%), '매우 그러함'이라고 응답한 비율이 소폭 증가(25.9%→29.3%)했다는 점은 주목해야 할 부분이다.

4.2. 기후변화 요인들에 대한 위험평가

이 설문 문항의 초점은 바로 어떤 기후변화 요인을 위험하다고 생각하는지를 찾아내는 것이다. 피실험자들은 영화 관람 이전과 이후에 인간에게 가장 위험한 결과를 초래하는 기후변화 요인들을 평가하도록 하였다.

분석 결과 몇몇 흥미 있는 부분들을 찾아낼 수 있었다. 응답자들이 가장 심각하게 생각하는 기후변화 요인은 바로 '온난화'였다. 이는 영화의 주제와도 일치하는 것으로 매우 흥미로운 결과였다. 그리고 이러한 경향은 영화를 관람한 이후에 더욱 증가하는 것으로 밝혀졌다(응답률이 68.3%에서 80.3%로 증가).

'해수면의 상승'과 '오존층의 구멍'을 '온난화'에 이은 기후변화를 일으키는 주요 위험요인으로 응답하였다. 두 문항 모두 영화를 보고 난 후 그 응답률이 더욱 높아졌다. 이는 영화에서 보여주는 해수면 상승 장면이 피실험자들에게 인상적으로 각인되었기 때문이라고 볼 수 있다. 또 하나 흥미로운 부분은 영화에서 다루었던 주제

들에 대해 비약적으로 그 위험평가 비율이 높아졌다는 점인데, '폭
풍우'는 2.8%에서 20.4%로, '한파'는 8.3%에서 21.1%로, '홍수범
람'은 9%에서 21.8%로 그 응답률이 증가하였다. 이는 명백하게 영
화가 초래한 영향이라고 하겠다.

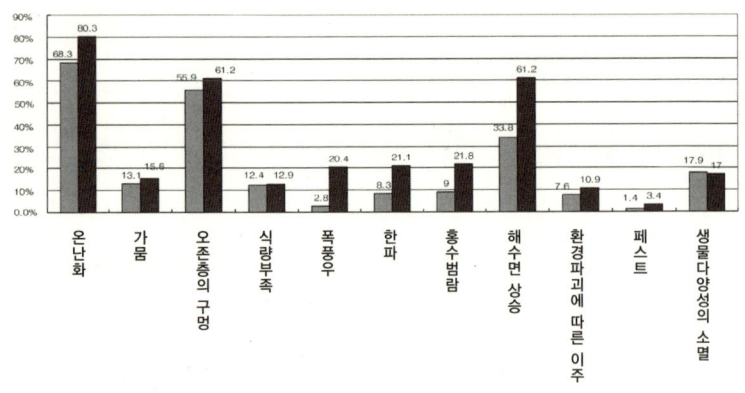

그림 4_ 영화 관람 전과 후의 기후변화 요인들에 대한 위험평가

4.3. 기후변화의 원인에 대한 평가

이 설문 문항에서는 기후변화를 일으키는 원인이 '인간'에 있는지
혹은 '자연'에 있는지가 초점이 된다. 분석 결과, 영화 관람 전과 후
의 변화가 크게 일어나지 않았다. 피실험자들은 '인간과 자연이 모

두 기후변화의 원인이 될 수 있다'는 문항에 가장 많이 응답하였으며(관람 전 52.7%, 관람 후 64.9%), 그 변화도 가장 컸다. 다음으로는 '인간이 기후변화의 원인이 된다'는 문항에 높은 응답률(관람 전 43.2%, 관람 후 31.1%)을 보였으며, '자연이 기후변화의 원인이 된다'는 응답은 저조한 응답률을 나타내었다(관람 전 3.4%, 관람 후 2.7%).

한편 영화를 관람한 이후 측정한 결과에서 '인간이 기후변화의 원인이 된다'는 응답이 다소 감소하고, '인간과 자연이 모두 기후변화의 원인이 될 수 있다'는 응답으로 선회한 것은 바로 영화의 영향이라 할 수 있다. 관람자들이 영화를 보기 전까지는 '사악한 인간'이 기후변화의 주요한 원인이 된다는 의식을 가지고 있다가 영화를 보면서 '급작스럽게 노출될 가능성이 있는 재난'의 자연성을 자각한 것으로 이해된다.

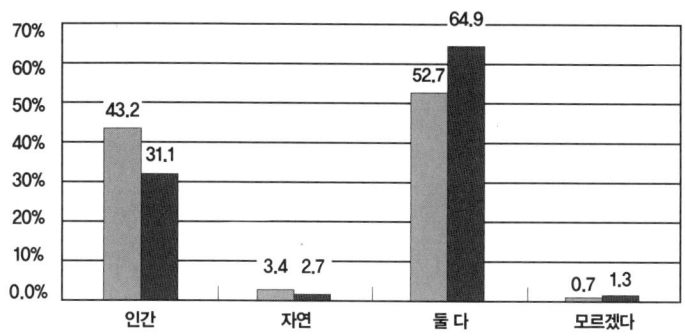

그림 5_ 영화 관람 전과 후의 기후변화의 원인에 대한 응답변화

관람 전
관람 후

4.4. 기후변화에 대한 미디어 보도 평가

이 설문 문항에서는 기후변화에 대한 미디어 보도에 대해 피실험자들이 어떻게 느끼는지를 평가하였다. 영화 관람자들이 기후변화의 이슈와 관련하여 미디어의 역할에 대해 만족을 하는지 여부가 그 주된 분석의 초점이 되었다. 분석 결과, 영화 관람 전과 후에 크게 관계없이 미디어 보도가 '일부 정확'하다는 의견이 가장 높은 비율을 차지하였다(관람 전 59.6%, 관람 후 60.8%). '일부 부정확'하다는 의견을 개진한 경우(관람 전 37.7%, 관람 후 36.5%)가 다음 순위를 차지하였으며, '정확하게 보도'와 '매우 부정확' 등의 극단적인 의견은 극소수에 불과했다.

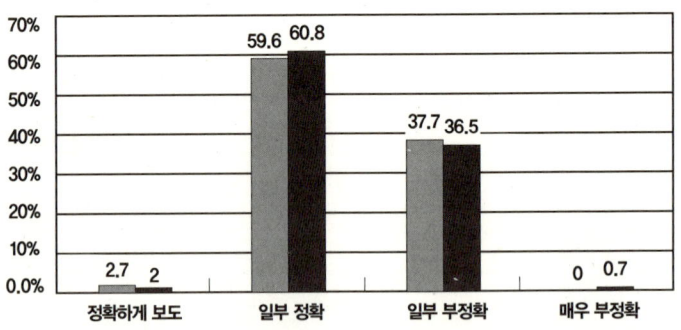

그림 6_ 영화 관람 전과 후의 기후변화에 대한 미디어 보도 평가 응답변화

4.5. 기후변화의 위험성

기후변화의 위험성에 대해서는 두 가지 질문을 제시했다. 첫 번째는 바로 기후변화가 인류에게 미치는 위험 정도였고, 두 번째는 기후변화가 한국에 미치는 위험 정도였다.

　우선 기후변화가 인류에게 미치는 위험 정도를 알아보기 위해 '매우 위험' '다소 위험' '다소 안전' '매우 안전'의 네 가지 범주로 분류하였다. 분석 결과, 영화 관람 전과 후에 크게 관계없이 기후변화가 '매우 위험하다'는 의견이 가장 높았다(관람 전 51.7%, 관람 후 57.1%). 다음으로 '다소 위험하다'는 의견(관람 전 46.9%, 관람 후 40.9%)이 그 뒤를 이었다. '다소 안전하다'는 의견은 극소수였으며(관람 전 1.4%, 관람 후 2%), '매우 안전하다'는 질문에는 한 명의 응답자도 없었다.

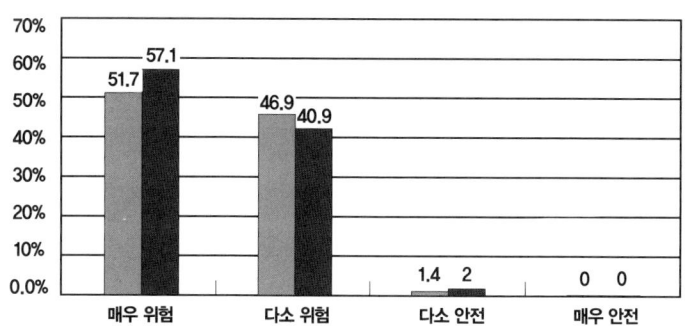

그림 7_ 영화 관람 전과 후의 기후변화가 인류에 미치는 위험 정도에 대한 응답변화

관람 전
관람 후

한편, 동일한 범주의 문항을 한국의 상황에 대입하여 질문한 결과, 영화 관람 전과 후에 크게 관계없이 기후변화가 '다소 위험하다'는 의견이 가장 높았다(관람 전 63.4%, 관람 후 54%). 특이하게 이 의견에 대한 영화 관람 후의 수치가 10% 가까이 줄어든 것은 영화에서 재난상황이 발생하는 주 무대가 미국 본토이며, 아시아 특히 한국의 상황은 반영되지 않았기 때문일 것이라고 추측할 수 있다. 다음으로 '매우 위험'하다는 의견(관람 전 22.1%, 관람 후 37.2%)이 그 뒤를 이었다. '다소 안전하다'는 의견(관람 전 14.5%, 관람 후 8.8%)이 다음 순위였으며, '매우 안전'하다는 질문에는 한 명의 응답자도 없었다.

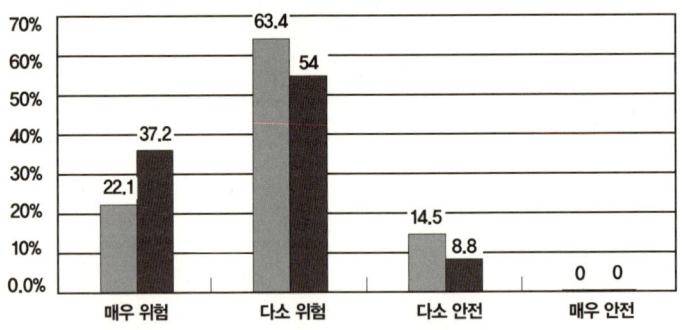

그림 8_ 영화 관람 전과 후의 기후변화가 한국에 미치는 위험 정도에 대한 응답변화

관람 전
관람 후

4.6. 인간 활동이 기후변화에 미치는 영향

피실험자들은 기후시스템에 미치는 인간의 활동을 평가하였다. 네 가지 세부 문항이 제공되었으며, 피실험자들은 하나의 질문에 응답하도록 하였다. 그 결과, 영화 관람 전과 후에 크게 관계없이 '기후시스템은 매우 민감하다. 작은 충격에도 심각한 결과를 초래할 수 있다'는 의견이 가장 높은 비율을 차지하였다(관람 전 41%, 관람 후 45.8%). 다음으로 '기후시스템은 예측 불가능하다. 우리가 취한 조치가 어떤 결과를 낼지 알 수 없다'는 의견(관람 전 38.9%, 관람 후 36.8%)이 그 뒤를 이었다. 기후시스템이 인간의 활동과 관계없이 안정적이거나 최소한 특정 상황에서 안정적이라는 의견에는 상대적으로 적은 인원이 응답하였다.

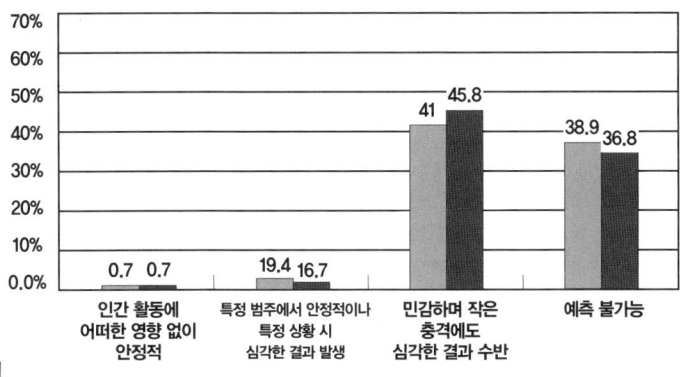

그림 9_ 영화 관람 전과 후의 인간 활동이 기후변화(기후시스템)에 미치는 영향에 대한 응답변화

5. 기후변화 억제에 대한 질문

5.1. 인간의 기후변화 억제 여부

연구 과정에서 피실험자들이 인간을 여전히 기후변화를 억제할 수 있는 주체로 인식하는지 아닌지를 알아보는 것은 의문점으로 남아 있었다. 이것을 규명하는 것은 매우 중요하다. 왜냐하면 영화가 복잡한 메커니즘을 언급하고 있지는 않지만 실제로 매우 격렬한 기후변화 시나리오가 작동하게 될 경우에는 그에 따라 행동을 취하더라도 너무 늦기 때문이다. 분석 결과, 영화 관람 전과 후의 인간의 기후변화 억제 여부에 대한 응답은 차이점을 보였다. 영화 관람 전에는 인간의 기후억제 여부에 '그러한 편'이라는 응답(44.5%)이 '아닌 편'이라는 응답(35.6%)'보다 높은 비율을 보였으나, 영화 관람 후에는 이러한 경향이 역전되어 '아닌 편'이라는 응답(47.3%)이 '그러한 편'이라는 응답(35.1%)보다 높았다. 이러한 응답에는 영화의 비현실적이고 과장적인 면이 많은 영향을 미쳤을 것이라고 추측할 수 있다. 즉, 영화에서 보여주는 속수무책으로 다가오는 기후변화의 과장된 장면들이 피실험자의 판단에 영향을 미쳤을 것이라고 유추할 수 있다.

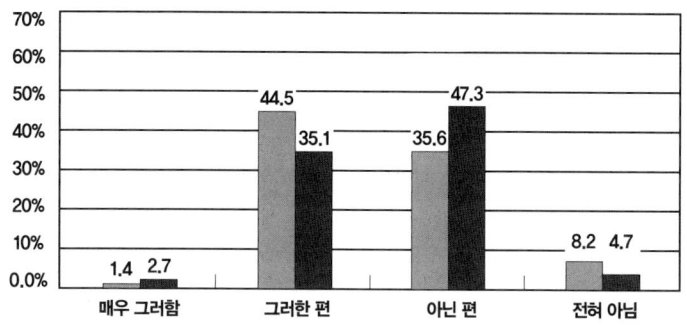

그림 10_ 영화 관람 전과 후의 인간의 기후변화 억제 여부에 대한 응답변화

5.2. 기후변화 억제 담당 주체

만일 기후변화가 발생할 경우, 이에 대응하여 기후변화를 억제할 수 있는 억제 담당 주체는 누가 될 것인가? 이 응답에 대하여 피실험자들이 기업, 환경기구(environmental NGOS), 정부, 일반 시민의 네 가지 억제 담당 주체를 선택할 수 있도록 하였다. 분석 결과, 영화 관람 전과 후의 기후변화 억제 담당주체에 대한 순위는 동일하였다. 영화 관람 전과 후 모두 일반 시민, 정부, 환경기구, 기업의 순이었으며, 영화 관람 후 일반 시민에 대한 응답변화가 감소한 것이 다소 특이한 부분이었다(45.9%에서 41.6%로 감소).

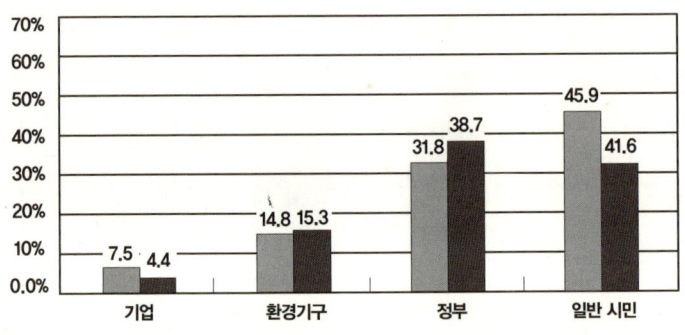

그림 11_ 영화 관람 전과 후의 기후변화 억제 담당주체에 대한 응답변화

	관람 전
	관람 후

6. 결론과 전망

한국에서 재난과 관련한 미디어의 심층적인 논의는 이제 막 태동
하고 있다. 환경문제는 우리의 미래를 담보하는 개혁의 대상임에
도 그것이 우리의 미래를 결정한다는 문제의식과는 강하게 결합
되지 못하고 여전히 성장의 그늘 아래 주변적인 모습을 하고 있다.
환경문제가 글로벌 차원에서 발생되며 산업에 엄청난 영향을 미치
는데도 말이다. 한국은 긴 해안선을 갖고 있으며, 무엇보다도 매년
태풍 등의 자연재해를 경험하는 나라다. 공식적인 통계에 따르면
지난 2000년에서 2002년까지 3년 동안 한국이 자연재해로 인해
입은 피해가 예전에 비해 5배나 증가하였음을 알 수 있다.

기후시스템에서 필요로 하는 장기적 시간이라는 상수, 적절한 대응방책을 수립하는 데 필요한 장기적인 예비시간을 마련하기 위해 기후변화의 영향을 제어하는 사회적인 논쟁은 필수적인 것이 된다. 일련의 기후 관련 미디어 분석(Wilkins 1993; Bell 1994; Trumbo 1996; Weingart et al. 2002)은 여러 나라에서 발생한 기후변화에 관해 상세하게 보고하고 있다. 그러나 이러한 외국의 연구 결과와 비교할 수 있는 한국 미디어의 재난보도에 관한 연구는 없다. 이번 조사는 재난영화 속에 나타난 기후변화가 어떻게 수용자에게 영향을 미치는지를 분석하고, 기후변화와 관련된 위험을 어떻게 특화시키는지를 밝히는 데 그 주된 목적을 두었다. 이제 한국에서도 기후환경변화와 관련한 미디어의 기능을 논하는 것은 새로운 연구영역이 되고 있다.

10장

문화와 기술의 혁신:

제도적인 신뢰도와 자연인식이 식품생명공학에 대한 태도에 미치는 영향 —미국과 독일을 중심으로[*]

COMMUNICATION

* 이 글은 Hans Peter Peters, John T. Lang, Magdalena Sawicka, William K. Hallman이 『International Journal of Public Opinion Research』 Vol. 19, No. 2(Oxford Unversity Press)에 게재한 논문인 「Culture and technological Innovation: Impact of Instituional Trust and Application of Nature on Attitudes towards Food Biotechnology in the USA and Germany」를 저작권자의 동의를 얻어 번역한 것으로, 이 연구는 독일 율리히 위험커뮤니케이션 연구소 한스 페터 페터스 교수가 주도한 프로젝트의 결과물이다.

1. 들어가며

제도에 대한 대중의 일반적 신뢰와 '자연에 대한 인식'이라는 개념을 사용하여 본 논문은 문화적 요소가 식품생명공학에 대한 의미형성에 미치는 영향을 미국과 독일의 공중의 태도를 중심으로 분석하였다. 조사된 가설들에 따르면, 자연에 대한 상이한 수준의 신뢰와 자연에 대한 존중이 두 나라 사람의 다른 태도를 설명해 준다. 일반 대중을 대상으로 한 비교문화 분석은 자연에 대한 태도가 두 나라의 정책을 다르게 평가한다는 것을 보여준다. 독일 대중이 갖고 있는 자연에 대한 높은 존중은 왜 식품생명공학에 대한 태도가 미국보다 더 부정적인지 부분적으로 설명해 준다.

신뢰와 태도의 상호관계는 예상보다 더 복잡하다. 독일에서는 아니지만 미국에서는 제도에 대한 신뢰가 식품생명공학과 관련하여 적당한 추론지표가 된다. 식품생명공학의 발전과 같은 혁신과 관계 있는 불확실성에 있어서, 제도에 대한 신뢰의 다양한 효과성을 설명하기 위해서 우리는 두 나라의 문제구성의 차이점과 미국의 높은 개인주의와 보편성을 짚고 넘어간다. 우리는 미국의 문화, 즉 높은 신뢰도와 자연에 대한 낮은 존중이 독일의 문화보다 기술 발전에 동의하는 것에 더 적절하다고 결론을 내렸다.

학자들은 미국과 유럽에서 국제적으로 상이한 생명공학 규제방식과 여론 형성 과정을 광범위하게 연구하고 있다(Gaskell, Bauer and Allum 1999; Gaskell and Bauer 2001; Epp 2003; Jasanoff 2003). 이러한 연구에 관심을 불러일으키는 큰 이유 중의 하나는 생명공학이 농업과 식품 생산에 미치는 문화·경제적인 영향이다. 무엇보다도 문화·경제적인 영향은 유럽 각국의 규제.문제 그리고 국제무역의 문제와 밀접히 서로 연관되어 있기 때문이다. 이문화간 조사분석cross-cultural analyses은 국제적으로 상이한 여론과 혁신적 기술에 대한 규제 대응을 분석하는 한 가지 방법이다. 이 이문화간 조사분석은 비교와 대조의 수단으로 혁신적 의미를 끌어내는, 문화적 자원을 밝혀내는 연구 전략이다.

유럽에서 식품생명공학에 대한 대중의 의견은 모호하면서도 매우 비판적인 모습을 한다(Gaskell, Allum and Stares 2003). 반면 미국에서 대중의 태도는 만장일치는 아니지만 보다 긍정적이다(Hallman, Hebden, Cuite, Aquino and Lang 2004). 그런 태도의 차이점들은 미국과 독일 사이에서도 마찬가지이다. 두 나라를 대상으로 한 연구에서 독일 응답자의 63%와 미국 응답자의 45%는 농업과 식품생산에서 유전공학을 이용하는 것에 매우 강력히 반대한다고 말하였다(Worldviews 2002).

학자들은 태도에 영향을 미치는 주요 요소로서 유전자조작 기술을 이용한 공정과 유전자조작 상품이 주는 이익과 위험을 집중적으로 분석하였다(Siegrist 2000; Wu 2004; Durant and Legge 2005). 다른 분야에서 생명공학을 이용하는 것에 대한 태도는 크게 엇갈린다. 예를 들어 의학적 응용은 일반적으로 식품 생산에서의 응용보다 더욱 긍정적으로 평가되어 강하게 옹호되는 경향을 보인다(Bauer, 2005). 그러나 개인적 성향이나 문화적 차이에 따라 이익과 위험을 다르게 인식하는 것은 해석상의 문제점을 이끌어낸다. 집단에 따라 같은 생명공학의 유용성과 위험성을 다르게 인식하는 이유는 무엇일까? 생명공학에 대한 공중 인식을 다룬 수많은 문헌에 제시된 대답들은 개인적인 특징, 가치, 선호, 생활방식, 사회적 역할, 지식, 진실성, 믿음, 보도 방식에 기인한다고 언급하고 있다.

본 논문에서 우리 연구자는 미국과 독일에 나타나는 공중 태도의 차이와 이러한 차이들을 문화적으로 설명하는 데 관심을 두었다. 더 근본적으로는 식품생명공학에 대한 태도에 영향을 주는 문화적

뿌리에 관심을 가졌다.

우리는 식품생명공학에 대한 개인이나 조직 차원의 의견이 각 문화권에 존재하는 의미론적 공간 안에서 형성된다고 가정한다. 스위들러(Swidler 1986)의 '툴 키트tool kit' 모델에 따르면, 문화는 실행과 적응이 필요한 문제들을 이해하기 위한 의미론적인 자원을 제공한다. 이 모델의 언급에 따라서 우리들은 문화가 새로운 기술, 상징, 이전의 사건, 경험, 책, 영화, 지식, 규범, 일반적으로 해석된 계획과 같은 부수적인 이론들을 연결한다고 생각한다. 더 나아가 이러한 부수적인 요소들이 기술과 관련된 이익과 위험을 평가하는 기반이 된다고 생각한다.

우리는 분석을 위하여 두 가지 문화적 관점에 중점을 두었다. 바로 고전적인 (정치적) 문화 개념인 **제도에 대한 신뢰**trust in institutions라는 관점과 **자연의 개념**concepts of nature에 대한 관점이다. 이 자연의 개념은 자연과 문명의 경계선, 자연의 특징, 자연과 사람의 관계성에 따른 믿음에 따라 정의된다.

이미 앞서 이루어진 연구와 이론은 이 두 요인이 생명공학에 대한 공중의 태도에 영향을 미친다고 추정하였다. 그리고 미국과 독일의 문화는 이 두 요인에 대한 관점에서 차이가 있다는 것을 제시하였다. 앞서 이루어진 연구와는 다르게, 우리는 문화적 요인으로 이 두 가지 요소를 모두 다루고, 또한 제도에 대한 신뢰와 자연의 개념과 관련된 이문화적인 변수cross-cultural variations는 미국과 독일에서 식품생명공학에 관한 대중들의 태도의 한 부분을 설명한다는 가정을 검증한다.

2. 기술 혁신과 연계된 불확실성에 대응하는 메커니즘으로서의 신뢰

식품생명공학과 같은 기술 혁신은 건강과 환경에 대한 위협, 사회적 요소들의 갈등과 관련하여 의도하거나 예기치 않은 다양한 결과들을 초래한다. 기술 혁신이 유발한 불확실성 문제에 대한 과학·기술·정책 측면 등의 대처는 혁신의 실행을 위한 과학적 위험 분석, 기술적 평가, 규제적 단계로 이루어져 있다. 이러한 전략들은 불확실성을 일부 감소시키지만 새로운 의문들을 낳기도 한다. 기술 혁신 단계는 일반적인 대중적 가치와 관심을 반영할까? 기술 개발자와 사용자 그리고 규제 당국은 올바른 결정을 내릴 수 있는 충분한 자격을 갖추고 있는가? 그들은 위험이나 이익과 관련한 정보를 대중에게 불성실하게 제공하거나 또는 오도하지 않는가? 기술 혁신에서 드러난 불확실성의 측면은 사회적 기관과 엘리트(전문가)들의 행위 역시 불확실하다는 것을 보여준다.

'불확실성과 취약성'을 특징으로 하는 이러한 상황을 해결하기 위한 중요한 전략은 신뢰이다(Heimer 2001). 신뢰를 정의하는 수

많은 정의가 있으나 그것이 갖는 사회논리학, 심리학, 게임이론적인 개념화 등 모든 측면에서 의미를 통합하여 검토할 수는 없다(Preisendoerfer 1995; Braithwaite and Levi 1998; Cook 2001). 이해를 돕기 위해 미시적인 차원에서 정의하자면, 신뢰란 충분한 상황 또는 근거 없이 특정 상황에서 일정 행위자에게 '좋은' 행위를 기대하는 것을 의미한다. 한편으로 이것은 행위를 통제하거나 제어하는 데 있어 무능력한 부분이 있다는 것을 반증한다.

루만(Luhmann 1989)에 따르면, 신뢰는 애매한 인내the tolerance of ambiguity를 증대시키지만 협동적인 상호작용에서 어떠한 행동을 새롭게 취할 수 있도록 한다. 이에 더하여 신뢰는 다른 사람을 감시할 필요성을 감소시킨다(Preisendoerfer 1995). 하딘(Hardin 20018)은 신뢰는 '책임' 문제를 야기한다고 주장한다. 신뢰는 마침내 권력의 차이를 결정짓는 요소가 될 것이다(Tyler 2001). 하지만 그 차이는 일상적인 권력의 차이에 근거한 것이 아니라 기득권자들이 수용한 것에 기초한다(Luhmann 1989). 신뢰는 '사회적 자본'을 구성하는 한 부분으로서 그 사회적인 영향은 일상적인 토대와 정치·문화적으로 중요한 요소로서 학자들의 연구대상이 되었다(Ingelhart 1999).

미시적인 측면에서 살펴보면, 사람들은 특정한 불확실성 하의 상황에서 특정 행위자들에게 신뢰를 보인다. 이러한 기본적 관찰로부터 사회화의 각 단계와 행위자의 분류를 세분화시켜 나가면서 특정 상황에서 신뢰를 기대하는 행위, 좀 더 추상적인 신뢰의 유형들을 더 유추할 수 있다. 예를 들어 특정한 경찰관에 대한 신뢰는 경찰로서의 규정적이고 제도적이고 통제적인 행위로 일반화될 것이다. 그러한 거시적인 측면에서 신뢰를 일반화하는 중요한 예는 '타인의 믿음에 대한 기대에 불응하는 것'으로서의 '대인관계 신뢰interpersonal trust'와 사회적 관계에 대한 신용단계로서의 '제도적 신뢰institutional trust'이다.

이에 더하여 우리는 주제에 대한 관심과 배려respect에 따라 신뢰의 형태를 구별할 수 있다. 우리는 일반적으로 정부를 신뢰한다. 또는 특정 정치 영역에 대한 관심과 배려에 따라 우리의 신뢰를 분화시킨다. 분석을 위하여 신뢰를 개념적으로 두 계층으로 구별할 수 있다. 첫 번째가 특정 논쟁 영역에 한정되어 있지 않은 '일반적 신뢰general trust'이고, 두 번째가 특정 주제나 정책 영역에 국한되어 있는 '특정 쟁점 신뢰issue-specific trust'이다. 프라이센도르퍼(Preisendoerfer 1995)는 신뢰는 특정 상황에 국한된 것이 아니라 큰 범위의 영역에서 구조적·개인적·문화적으로 전형화된다는 가정을 뒷받침한다. 여기에서는 일반적이고 특정 쟁점 영역에서의 제도적인 신뢰에 주안점을 두었다.

두 가지 주장은 제도적인 신뢰가 혁신적 과학기술에 대한 태도형성에 기여한다는 겔렌(Gehlen 1957)의 연구 결과에 뿌리를 두고 있다.

1. 기술은 하드웨어 또는 기술적 과정뿐 아니라, 이러한 시스템을 발전

시키고 수행하고 실행하고 감시하고 규제하는 복합적 사회제도로 구성된 사회-기술적인 시스템이다(Bijker, Hughes and Pinch 1987). 이러한 제도적인 행위에서의 신뢰는 기술의 진화와 통합된 부분이다(Rayner and Cantor 1987; Earle and Cvetkovich 1999). 반면, '전문 시스템'에서의 신뢰는 현대사회의 도처에 존재하는 요구이다(Giddens 1991). 이것은 부분적으로 혁신적 기술과 관련해서 까다로운데, 이는 타당한 제도와 행위자들의 미래 행위에 대한 기대가 이전의 경험에 기초하지 않을 수 없기 때문이다.

2. 개인적 경험의 부재와 전문지식의 부족함 속에서 사람들은 그들의 혁신적 기술의 발전에 따른 과학정책, 규제기관, 산업, 환경, 소비자 단체, 미디어에 의해 제공되는 정보를 신뢰하게 된다. 설득이론에 따르면, 수용된 정보 원천의 신뢰 여부에 따라 어느 정보를 사용하고 어느 정보를 주관적인 지식으로 받아들일지가 결정된다(Hovland, Janis and Kelly 1953; Petty and Caccioppo 1986). 어떤 정보원이 믿을 만하다고 간주되면 이것은 기술 혁신의 위험과 이득을 신중하게 고려하는 데 영향을 주게 된다.

식품생명공학과 같은 기술 혁신과 관련해서, 제도적인 신뢰가 당국의 판단을 믿고 정책을 수용하는 입장을 이끌 것이라고 가정할 수 있다. 여러 실증자료를 토대로 판단해 보면 정부, 산업, 규제

당국, 과학 전문가들의 유전공학에 대한 믿음이 긍정적 태도와 연관이 있음을 알 수 있다(Peters 1999; Siegrist 2000; Frewer Scholderer and Bredahl 2003; Durant and Legge 2005; Poortinga and Pidgeon 2005). 사람들이 생명공학에 대해 어떤 입장을 견지하는가에 따라, 그 태도와 사람들이 신뢰하는 기관 사이에 상호관계성이 존재한다. 식품생명공학에 대해 긍정적인 태도를 갖는 사람은 식품생명공학의 제도를 신뢰하려고 한다. 부정적 태도의 사람들은 식품생명공학에 반하는 제도를 신뢰하려고 한다(Priest, Bonfadelli and Rusanen 2003).

신뢰와 태도 사이에 존재하는 함수관계는 명백하다. 그러나 그 상호관계에 있어서 방향은 불분명하다. 제도에 대한 신뢰가 식품생명공학에 대한 태도를 이끄는 것인가, 반대로 식품생명공학에 대한 태도가 정책에 대한 신뢰를 결정짓는 것인가? 신뢰가 태도에 영향을 미친다는 가정은 아마 직관적이면서도 결함이 있는 시각일 것이다. 하지만 이러한 대조는 초점을 잃게 할 수 있으며, 이와는 반대되는 인과성을 제시하는 실증적인 연구들이 있다(Frewer et al. 2003; White, Pahl, Buehner and Haye 2003; Poortinga and Pidgeon 2005).

영향을 미치는 두 가지 가능한 방향을 대조해 보는 것은 초점을 잃게 할 수 있다. 인지부조화의 원리는(Osgood and Tannenbaum, 1955) 의미적으로 연관된 어느 요소들이 같은 방향으로 서로 이끈다는 것을 말한다. 사람들은 자기와 태도를 공유하는 집단과 제도를 믿으려고 하며, 그에 맞추어 자신들의 태도를 적응시키려고 한다. 언급된 친생명공학적 혹은 반식품생명공학적인 행위자에 대한 믿음 사이의 상호관계는 인지부조화의 원리를 간단히 반영한다.

우리는 더 일반적인 주장을 펼칠 수 있다. 의미적으로 연관되어 있는 가치를 가지는 요소들—위험이나 이익의 지각, 혁신에 대한 태도, 혁신에 대해 증진 혹은 대립하는 행위자에 대한 신뢰—은 다양하게 결합되어 있는 개념의 집합인 '신드롬syndrome'으로 생각될 수 있다. 신드롬의 부분적 요소들은 각각에게 조화를 유지하고 증대시키도록 영향을 준다. 독립적인 요소들 때문에 신드롬 요소들 사이의 상호관계는 일반적으로 강하다. 하지만 어떤 하나가 다른 한 요소를 '설명'할 수는 없다.

신뢰가 태도에 대한 신드롬의 한 부분일까? 혹은 식품생명공학에 대한 태도가 예측 가능하다는 말이 진실일까? 그것은 신뢰의 개념화와 조직화에 달려 있다. 특정한 논쟁에 대한 신뢰(특정 신뢰)는 태도 신드롬의 한 부분이며, 다른 신뢰의 요소—위험인자나 위험태도 등—을 설명할 수 없다. 실증적으로 잘 정리된 특정 신뢰와 태도의 상호관계는 약간은 평범하다. 태도와 일반적 신뢰의 상호관계는 필수적이다. 일반적인 제도적 신뢰는 식품생명공학 태도 신드롬에 대해서는 외생 변인이다. 우리는 식품생명공학에 대한 태도가 일반적인 관계적 신뢰에 있어 최소한의 영향 그 이상을 미친다고 기대하지 않는다. 만약 상호관계가 존재한다면 그것은 태도의 신뢰에 영향을 받았기 때문이며, 상호관계가 존재하지 않는다면 그러한 영향은 없다.

그러므로 우리는 지그리스트Siegrist와 체베트코비치Cvetkovich
의 위험인지를 위한 해석적 변수로서의 일반적 신뢰 측정은 이론적
혹은 보다 실제적이지 않다는 주장(Siegrist and Cvetkovich 2000)에 동
의하지는 않는다. 또한 스췌베르크(Sjoeberg 2001)의 비슷한 주장 역
시 옳다고 보지 않는다. 특정 논쟁에 대해 비록 신뢰와 태도의 상호
관계가 일반적 신뢰보다 강하다 할지라도, 일반적 신뢰와 태도 사이
의 가능성이 그것보다 더 흥미롭다고 반문할 것이다. 이러한 상호관
계가 일반적인 정책 문화로 특정 신뢰를 접목시키고, 혁신적 기술에
대한 타문화 사이의 차이를 설명할 수 있을 것이다.

만약 태도에 제도적인 신뢰의 영향이 가해진다면, 이문화간의
차이는 왜 식품생명공학에 대한 태도가 미국과 독일에서 다른지를
설명해 줄 것이다. 우리는 실제로 최근의 국제적인 조사에서 제도
적인 신뢰의 차이를 볼 수 있다. 예를 들어, 1999~2000년의 월드 밸
류 서베이World Values Survey와 2004년의 인터네셔널 소셜 서베
이 프로그램International Social Survey Program(ISSP)은 독일보다
미국에서 제도적인 신뢰의 수준이 더 높다는 것을 보여주고 있다.
2004년의 ISSP에서 진술한 '우리가 정부에서 일하는 사람들을 믿는
대부분의 시간은 올바른 것을 할 때이다'라는 말에 대해서 독일인
응답자 중의 11퍼센트가 동의한 데 반해 미국의 경우 응답자의 32
퍼센트가 동의하였다. 더욱이 월드 밸류 서베이는 의회에 대한 신뢰

에서는 교차문화 간의 차이는 작은 반면, 시민단체와 주요 기업에 있어서는 신뢰의 차이가 상당하다는 것을 지적하였다. 각각의 경우에 미국인들이 독일인보다 이러한 제도에 더 많은 신뢰를 보였다.

3. 생명공학에 대한 '툴' 만들기로서 자연의 개념

문화적인 발전의 일부분으로서 사냥도구, 농업, 농장 경영, 음식 보존, 요리, 식자재 유통 등을 포함하는 음식 관련 기술은 음식을 제공하는 '자연적'인 방식을 보완하고 개선해 왔다. 노동의 사회적 분화는 식품 생산을 차츰 일상의 생활과 분리시키면서 특별하고 산업적인 활동으로 만들었다. 그리고 이제 식품의 대량생산은 특히 환경적인 측면에서 산업화의 많은 부작용을 보여주고 있다.

과학적인 관점에서 유전자 도입에 바탕을 둔 식품생명공학은 단지 영양물 섭취의 문화적인 발전일 뿐이다. 그러나 대중의 인식에서, 전통적인 방식과 현대적인 식품생명공학의 '자연성naturalness'과 관련해서는 큰 차이가 있는 것처럼 보인다. 먼저 유전자조작 식품은 난해하고 과학적인 지식에 근거한 첨단기술공학적인 상품이다. 따라서 농장이나 헛간보다 실험실에서 중요한 과정이 이루어진다. 다음으로 초기에는 과학자들조차 DNA 재조합 기술을 통해 자연을 개혁하고 정복하는 것을 기술적인 측면에서 두려워했다(Wade

1977). 따라서 식품생명공학은 식품 생산의 문화적인 진화에서 부분적으로는 엄청난 불화를 가져오는 것으로 간주된다. 무엇보다도 이 단계는 음식이 아니라 '자연'의 고갈로 특징되는 사회적인 맥락에서 이루어지고 있다.

어떻게 이러한 자연의 본성에 간섭하는 식품생명공학기술이 개발되고 발전되는가 하는 것은 인간이 인식하는 자연의 개념에 달려 있다. 식품생명공학에 대한 시각은 적어도 세 가지 방식으로 자연의 개념과 관계되어 있다.

1. 일반적으로 유전공학의 적용에 대한 우려에서 인간 스스로 '생명의 청사진'을 수정하는 것은 마치 인간이 신이 된 것처럼 행동하는 것이다. 이는 자연과 윤리의 경계를 넘어서는 인간의 오만한 행동에 다름 아니다. 이 논쟁은 신의 창조물을 신성하게 여기는 종교적인 믿음에 바탕을 두고 있을 것이다. 그러나 이것은 세속적 의미에서도 마찬가지로 자연을 가치 있는 것으로 여기는 윤리적인 태도에 근거를 두고 있을 것이다.

2. 사람들은 다양한 방법으로 식품생명공학과 같은 식품의 기술적인 변형을 음식의 질에 대한 인식으로 연결시킨다. 예를 들어 사람들은 증가된 편의성이나 영양분으로 인해 이 변형을 음식의 질의 향상으로 볼 수도 있다. 반대로 사람들은 알레르기와 비자연적인 사육의 결

과인 광우병 등의 위험이 증가하므로 이 변형을 음식의 질이 하락하는 것으로 볼 수도 있다. 한편 일부 사람들은 자신이 인식한 음식의 본질을 그 자체로 질적인 기준점으로 볼 수도 있다.

3. 농업 상품은 토지의 사용 변경, 비료와 살충제 사용 등을 통해 환경에 심각한 영향을 미친다. 사람들은 자연의 유기물에 대한 위험을 노출하고 새로운 유전 물질을 미리 알려진 결과 없이 생태계에 도입한다는 점을 들어 농업생명공학을 환경 파괴의 주범으로 해석할 수도 있다.

환경적인 윤리론과 문화이론은 모두 자연의 개념을 달리하면서 상대적인 차이를 제시한다. 환경적인 윤리론은 인간과 자연 사이의 관계 모델(Huber 1989; Birnbacher 1991; Dobert 1994)처럼 인간 중심의 인식과 환경 중심의 인식을 구별한다. 환경 중심의 인식은 자연의 가치를 천부적인 것으로 간주한다. 반면에 인간 중심의 인식은 인간을 위한 그것의 이익으로부터 자연의 가치의 본질을 바라본다. 비록 자연은 이 두 가지 관점으로부터 평가될 수 있을지라도 인간의 이익과 충돌할 때 자연 중심의 인식은 인간 중심의 인식보다 더 자연의 보호에 가치를 둔다. 이러한 이상적인 유형과 따로 떨어져서 혼합되고 수정된 인식도 있다(Birnbacher 1991; Knaus and Renn 1998).

문화이론은 생태계의 안정성에 대한 인식과 관련해서 다른 점이 있는 네 가지 자연의 신화 사이를 구별하고 인간의 개입에 대해서 서로 다른 한계를 암시한다(Thompson, Ellis and Wildavsky 1990). **상서로운 자연의 신화**the myth of a beginning nature는 인간의 개입에 대해서 자연이 강건하고 관대하다는 입장이라고 여긴다. 그것은 자연이 항상 평형 상태를 찾고 자연에 영향을 미치는 인간의 행동에 어떤 한계를 암시해 줄 것이라고 가정한다. **관대한 자연의 신화**the myth of a tolerant nature는 인간의 개입에 좀 더 엄격하다. 이 신화는 어떤 한계 내에서 자연이 강건하고 관대하다고 여긴다. **변덕스러운 자연의 신화**the myth of a capricious nature는 자연을 예측할 수 없다고 본다. 인간의 개입은 자연의 반응을 예측할 수 없기에 항상 측정할 수 없는 위험을 지니고 있다. 마지막으로 **덧없는 자연의 신화**the myth of a ephemeral nature는 생태계를 매우 깨지기 쉽고 약간의 개입에 대해서도 민감한 대상으로 생각한다. 이러한 입장은 자연에 대한 인간의 개입에 대해 가장 엄격한 제한을 요구한다.

환경적인 윤리론과 문화이론은 자연이 사회적으로 형성되었다고 여긴다. 문화는 이러한 가치와 역할, 인간과 자연 사이에 숙지된 관계, 자연에 대한 태도 등을 결정한다. '사회학자는 자연에 존재한다. 그러나 자연은 우리의 이해 속에서 존재한다. 자연 그 자체는 관념·생각·개념·모형 등에 의해 결정된다. 즉 주어진 자연의 가능한 의미를 지닌 이야기구조를 통해서 결정된다'(Van Den Daele 1992). 자연과 관계된 믿음이 부분적으로 구체적인 경험의 결과인 반면에 문화는 그러한 경험을 형성하고 조정한다.

생명공학에 대한 공중의 태도에 대한 최근 몇 가지 양적이고 질적인 연구는 '자연'을 중요한 요소로 정의하였다. 쯔빅크(Zwick 1998)는 종교적인 집단, 자연과 문화를 정반대의 것으로 간주하거나, '자연'이라는 용어를 평가하는 집단은 식품생명공학에 대해 부정적인 태도를 갖는 경향이 있다는 것을 발견하였다. 이와는 반대로 자연을 생산적인 원천이나 위협, 또는 과학적인 관점에서 바라보는 단체는 더 긍정적인 평가를 내린다. 인간의 자연에 대한 개념을 분석하기 위한 문화이론의 유형을 사용하여 쿡카르츠(Kuckartz 2000)는 유전공학의 위험성과 인식의 관점 사이에 커다란 상관관계가 있음을 발견하였다. 자연이 짧은 생명력을 지녔다고 생각하는 이들은 자연이 자비로운 존재라고 생각하는 이들보다 유전공학의 위험성을 훨씬 더 크게 평가하였다. 그리고 '관대한' 자연이나 '변덕스러운' 자연의 신화와 비슷한 신념을 가진 사람들은 위험성의 인식에 대해 중립적인 모습을 취했다. 바그너와 그 동료(Wagner et al. 2001)는 10개국에서 생명공학에 대한 대중의 인식을 탐구하면서 자연을 중요한 범주로 간주하였다. 그의 분석에서 참가자들이 생명공학에 대한 그들의 반대 입장을 설명하기 위해 자주 자연을 언급한 것을 볼 수 있다.

크니아제바(Kniazeva 2002)는 소비자의 우려에 대한 심층적인 인터뷰를 수행하기 위해 설득력 있는 이론적인 접근을 시도하였다. 그

녀는 소비자들이 유전자조작 식품에 대해 의견을 형성하는 근거가 되는 자연본성naturalness의 범주를 발견했다. 벡위드Beckwith, 해드록Hadlock, 서프론(Suffron 2003)의 연구는 친환경중심적이고 기술중심적인 세계관은 각각 식품생명공학 공장에 대한 반대와 지지 의사와 밀접히 관계되어 있다는 것을 보여주었다. 마지막으로 길(Gill 2003)은 세계관의 유형과 생각의 역사로부터 자연의 개념을 발전시켰고 그것을 식품생명공학에 대한 영국의 담론 분석에 적용하였다. 그는 '놀라운' '모험적인' '동경하는' 등과 같이 자연에 대한 변화된 인식이 식품생명공학에 대한 담론을 움직였다고 주장한다.

미국과 독일에서 상이한 역사와 자연환경은 아마 두 나라가 문화적으로 자연에 대해 상이한 인식을 형성하는 데 기여하였을 것이다. 준비조사에서 사비츠카(Sawicka 2005)는 미국과 독일의 초등학교 교사 사이에서 자연과 관련된 명백한 가치관 차이를 발견하였다. 역사적으로 멀지 않은 미국의 식민지화는 자연을 정복하고 경작해야 하는 '황무지'와 강하게 연결시키고 있다(Ott, Potthast, Gorke and Nevers 1999; Nash 2001). 게다가 토지 사용의 행태는 양 국가 사이에 큰 차이가 있다. 한눈에 봐도 미국의 광대한 영토는 상대적으로 문명의 영향을 덜 받았다. 반면 독일에서는 문명화되지 않은 지역이 거의 없다. 또한 독일의 농업은 미국보다 주거·교통·여가와 같은 토지 사용의 형태와 밀접히 연결되어 있다.

4. 조사 설계와 방법

본 논문에서 분석에 사용된 자료는 전화 조사를 통해 이루어졌다. 전화 조사는 미국과 독일에서 2004년 5월에서 6월까지 실시되었다. 양쪽의 조사를 위한 샘플은 무작위 방식을 통해 미국과 독일의 일반 시민을 대상으로 하였다. 우리의 이문화간 연구는 미국에서 식품생명공학에 대해 이루어진 연구조사의 연장선에서 이루어졌다 (Hallman et al. 2004). 우리는 상호 문화의 비교를 위해 구체적으로 몇 가지 질문을 개발하였고 그것을 독일의 옴니버스 조사뿐 아니라 미국의 조사로 통합하였다. 미국의 조사연구에서 본 논문을 위해 사용된 질문들은 1,201개의 인터뷰 중 601개가 이루어졌고, 독일에서는 1,000개의 인터뷰가 행해졌다. 미국의 표본은 17세 이상의 응답자만을 포함하고 있으므로 독일의 표본에서 14~17세의 응답은 배제하였다. 따라서 우리의 분석이 근거하고 있는 자료는 18세 이상의 인구 중에서 601명의 미국 응답자와 942명의 독일 응답자로부터 얻은 것이다.

우리의 가설이 산업적인 가치관의 영향과 식품생명공학의 인식에 대한 자연의 이해를 언급하기 때문에 중요한 변수들 중 세 가지는 믿음(신뢰), 자연, 태도이다. 이러한 변수들은 여덟 개의 항목으로 이루어진 리커드 척도에 의해 조작되었다.

이 여덟 개의 항목에 대해 각각 응답자들은 동의 혹은 부정의 4

가지 단계로 나타낼 수 있다. 응답자들이 묵인하는 경향을 가질 수 있기 때문에 이를 보상하기 위해 우리는 균형을 잡을 수 있는 수단을 사용했다. 따라서 각 항목의 네 가지 단계는 긍정적인 단어를 사용하였다. 즉 매우 높은 신뢰를 나타내는 동의, 자연에 대한 높은 이해, 긍정적인 태도 등의 단어를 사용하였고, 네 가지의 항목은 그러한 고려에서 역으로 된다. 우리는 변수가 많은 분석이기 때문에 사회인구통계학의 요소와 유전자조작 식품에 대한 지식의 중립적인 영향을 조절하기 위하여 성별, 나이, 학력 수준, 지식의 변수를 고려하였다.

　　믿음을 사회제도에 대한 일반적인 신뢰로 정의한 우리의 개념화를 고려하여 우선 네 가지의 사회 하위조직을 선택하였다. 이 네 가지는 정치, 경제, 법률, 과학이다. 이 하위조직들은 현대 과학의 핵심이고 양 국가에서 비슷한 역할을 하고 있다. 하위조직 각각에 어떤 생명공학에 대한 참조 없이 제도를 신뢰할 수 있는지에 대해 두 가지 질문을 하였다. 두 가지 질문은 응답자가 받아들인 의도, 즉 '사회를 위해 최선을 다하려고 노력하는 것'과 그들의 인지적 (무)능력, 즉 '올바른 결정을 할 만큼 유능하지 못한가'라는 것이었다. 두 가지의 신뢰 차원에서 이루어진 네 가지 하위조직에 대한 8개의 평가는 분명히 믿을 수 있는 일반적인 신뢰 수치로 합쳐질 수 있다 (Cronbach's alpha=.63, 〈표 1〉 참조).

표 1_ 유전자조작 식품에 대한 미국인과 독일인의 제도에 대한 신뢰, 자연에 대한 인식, 태도의 차이

	미국		독일		수단의 차이	차이의 지표	정확도 (Cronbach's α)
	수단의 차이	차이의 지표	차이의 지표				
제도에 대한 신뢰	0.32	4.02	-0.38	3.39	0.71	≤0.1	.63
자연에 대한 인식	3.57	3.63	4.25	2.85	-0.68	≤0.1	.46
유전자조작 식품에 대한 태도	-1.91	5.09	-3.59	4.78	1.67	≤0.1	.82

네 가지 하위조직의 제도에 대한 신뢰의 수준이 상당히 다르고 (표 2), 하나의 하위조직의 제도를 신뢰하는 사람들은 다른 하위조직의 제도를 더 신뢰하는 경향이 있다. 따라서 여덟 개의 평가를 정치적인 문화의 특징으로 간주되는 일반적인 제도에 대한 신뢰라는 단순평가로 결합하는 것은 문제가 되지 않는다.

자연에 대한 이해를 측정하는 부분의 여덟 개의 항목은 자연의 개념을 다르게 보는 네 가지 관점을 나타낸다. 이 네 가지 관점은 우선성priority, 민감성sensitiveness, 완전perfection, 위협threat이다.

표 2_ 제도에 대한 신뢰, 자연에 대한 이해, 유전자조작 식품에 대한 태도를 평가하는 데 사용된 항목에 대한 동의

항목a	동의(%)b		차이pc의 의미
	미국	독일	
제도에 대한 신뢰			
정치적인 제도가 최선을 다하려고 노력한다. (+)	53.1	28.2	≤.01
법적인 제도가 최선을 다하려고 노력한다. (+)	68.8	67.6	NS
경제적인 제도가 최선을 다하려고 노력한다. (+)	35.8	18.7	≤.01
과학적인 제도가 최선을 다하려고 노력한다. (+)	77.5	69.9	≤.01
정치적인 제도가 충분히 유능하지 못하다. (−)	53.1	54.8	NS
법적인 제도가 충분히 유능하지 못하다. (−)	43.3	43.8	NS
경제적인 제도가 충분히 유능하지 못하다. (−)	54.2	48.6	≤.05
과학적인 제도가 충분히 유능하지 못하다. (−)	38.9	42.2	NS
자연에 대한 이해			
자연을 변화시키는 것은 인류에게 괜찮다. (−)	35.4	29.6	≤.05
자연은 홀로 남겨져야 한다. (−)	73.6	85.0	≤.01
인간은 자연의 균형을 쉽게 파괴할 수 있다. (+)	90.2	93.4	≤.05
자연은 변화를 채택할 방법을 찾는다. (−)	70.4	65.7	NS
인간은 자연보다 영리하다. (−)	35.7	17.5	≤.01
자연의 것이 인간이 만든 것보다 완벽하다. (+)	81.4	85.6	≤.05
인간은 스스로를 보호하기 위해 자연을 조절해야 한다. (−)	55.2	55.6	NS
자연은 인간에 대해서 반드시 보호받아야 한다. (+)	90.3	91.6	NS
유전자조작 식품에 대한 태도			
유전자조작 식품은 미래 세대에 어떤 해도 없다. (+)	28.4	20.5	≤.01
유전자조작 식품을 먹는 것은 안전하다. (+)	52.9	23.2	≤.01
저렴하다면 유전자조작 식품을 먹겠다. (+)	37.2	14.8	≤.01
소비자는 유전자조작 식품을 살 권리가 있다. (+)	91.4	80.7	≤.01
유전자조작 식품은 자연의 질서를 위협한다. (−)	63.5	76.1	≤.01
유전자조작 식품을 포함한 심각한 사고는 발생할 수밖에 없다. (−)	75.7	52.4	≤.01

유전자조작 식품에 대해 돈을 더 지불할 의사가 있다. (-)	60.9	76.3	≤.01
만약 식당에서 유전자조작 식품으로 음식이 제공 된다면 화가 날 것이다. (-)	70.6	76.1	≤.05
	(n=601)	(n=942)	≤.05

a 온라인 부록에 있는 표 A1-A3는 영어와 독일어의 정확한 항목 표현을 보여준다. http://hdl.handle.net/2128/648를 참고하시오.
b '강하게 동의'와 '약간 동의'의 카테고리 응답은 이 표에 요약되었다. 퍼센트는 분명한 답변을 기반으로 계산되었다. 구체적인 응답분포는 온라인에서 표 A1-A3를 참고하면 된다.
c 두 나라 모두에서 동의의 비율 차이는 t-test에 의해서 중요성이 검증되었다. 예를 들어 p가 .05 이상인 경우, 'NS'는 중요성을 의미하지 않는다.

각 네 가지 관점에 대하여 두 가지 항목이 하나는 긍정적으로, 하나는 부정적인 표현으로 구성이 되었다. '우선성priority'은 인간과 자연의 관계에 있어서 수직적인 시스템hierarchy system을 언급하는 것이다. 있는 그대로의 가치로 자연을 보는 관점과 인간의 이익에 도움이 되는 수단으로 자연을 보는 관계, 즉 환경윤리를 바라보는 관점에 있어서 자연의 개념에 대해 전형적인 차이를 보이는 인간중심과 자연환경 중심의 관계가 바로 그것이다. '민감성 sensitiveness'은 인간의 간섭에 자연이 민감한지 굳건한 모습을 하는지를 설명하는 문화이론에 존재하는 차이점을 단순화한 버전이다. '완전perfection'은 질적인 견해와 자연스러움 사이에서 크니아제바(Kniazeva 2002)가 제시한 군집의 종류를 검색하여 적용하였다. '위협threat'은 마침내 누가 누구에게 위협이 될 것인가, 사람에게 자연이 위협적인 존재인가(예를 들어 자연재해나 위험한 동물들에 의한)에 대한 견해나 자연에 대해서 사람이 위협적인 존재인가(예들 들어 환경오염에 의한)에 대한 여타 다른 가능한 답변들을 언급한다. 이러한 항목들의 승인과 거부는 자연의 인식을 더욱 잘 나타내거나 부족하게 나타낸다.

다음 분석에서 우리는 이러한 모든 항목에 들어 있는 함축적인 인식 관점에 초점을 둠으로써 자연 개념의 의미의 복잡성을 단순화한다. 우리 항목들의 의미의 이질성은 총합 척도(Cronbach's alpha=.46)에 대한 어느 정도 낮은 신뢰도의 원인이 된다. 이것은 가정된 인식차원이 실제로 개념의 복잡성을 철저히 규명하지 않는 것을 나타낸다. 그럼에도 우리는 이 척도를 사용하고, 그것의 거대한 예언적인 가치에 정당성을 부여한다.

유전자조작 식품에 대한 태도의 척도(Cronbach's alpha=.82, 표 1)는 유전자조작 식품의 가능한 이익과 위험(예를 들어 유전자조작 식품은 미래 세대에 위험을 나타내지 않는다)에 있어서 네 가지 항목들을 포함한다. 뿐만 아니라 네 가지 항목들은 다른 조건들하에서 유전자조작 식품을 찬성하거나 반대하는 소비자들의 선호도를 나타낸다(예를 들어 '나는 유전적으로 변형된 음식이 일반 음식보다 가격이 저렴할 경우 구입할 것이다'라는 생각). 어떤 항목들은 사전에 진행된 연구들(Gaskell et al. 2003; Hallman, Hebden, Aquino, Cuite andLang, 2003)과 공통점이 있지만, 대부분의 용어들은 수정되었다.

이 세 가지 척도들을 개발하면서, 우리들의 일반적인 목표는 두 나라에서 응답자들이 비슷한 의미를 갖고 동일하게 타당한 응답 항목들을 찾아내거나 구성하는 데 두었다. 우리는 이 항목들을 전문적인 번역을 이용하여 대조 확인하면서 영어와 독일어 버전을 동시에 개발했다. 그러나 주요한 문제는 항목들의 번역의 문제가 아니라 우리가 참고했던 항목들의 개념에서 이문화간의 동등성을 확보하는 것이었다(온라인상의 부록을 참고, http://hdl.handle.net/2128/648, 표 A1-A3).

또한 우리는 설문지의 맥락적인 의미를 조정하기 위해 굉장히 많은 노력을 하였다. 독립변인인 '신뢰' '자연'과 종속변인인 전자에 의한 후자의 원인이 되는 설명으로서의 '태도' 사이의 가능한 통계적인 상호관계 해석을 가능하게 하기 위하여 식품생명공학 논쟁에 의한 어떠한 '의미의 오염' 없이 자연의 제도화된 신뢰와 인식이 측정된다는 것은 매우 중요하다. 앞서 설명한 대로 태도들과 명확한 특정 쟁점 신뢰issue-specific trust 사이의 상호관계는 오히려 사소하고 여러 가지의 해석을 가능하게 한다. 따라서 우리는 인터뷰에서 주제인 생명공학을 소개하기 전에 자연과 신뢰에 대한 질문을 응답자들이 받도록 하는 것을 확실히 하였다.

5. 연구 결과

5.1. 식품생명공학에 대한 태도

본 논문은 왜 미국 사회의 식품생명공학에 대한 태도가 독일 사회의 태도보다 더 긍정적인지 설명하기 위하여 제도상의 신뢰와 자연의 인식의 잠재성을 조사한다. 예상한 대로 우리들의 연구는 이러한 태도 차이를 반영한다.[*]

우리들의 태도척도 여덟 개 항목 중 일곱 번째에서 독일 응답자들이 미국 응답자보다 식품생명공학에 대해서 상당히 더 비판적이고 덜 긍정적인 평가를 내렸다(표2 참조). 이 예외는 항목 A6(유전자조작 식품을 포함하는 심각한 사고는 꼭 발생할 수밖에 없다)이 일반적인 트렌드와는 대조적으로 독일보다 미국에서 상당히 더 잘 적용된다는 것을 발견할 수 있다. 우리는 이러한 예외의 항목 특성에 대해서 결정적인 설명은 할 수 없지만, 2001년 미국에서 발생한 9·11 테러 이후 미국 국민들의 민감성을 반영한 항목이라는 것을 짐작할 수 있다. 그러나 이 항목이 다른 항목보다 전체 항목에 대해서 더 낮은 상

---

[*] 식품생명공학에 대한 태도뿐 아니라 제도상의 신뢰와 자연의 인식의 두 가지 지표 변수들간의 차이는 문화적인 차이보다 두 나라에서 논쟁인지와 또는 사회인구통계학적인 인구의 구조와 하나의 차이를 야기할 가능성이 있다. 모델에 있어서 지표로써 성별, 나이, 교육의 정도, 인지와 이 모든 것의 상호작용의 변수를 포함할 때 태도, 신뢰, 자연의 인식의 지표로서 '국가'의 주요 효과는 분산분석에 있어서 통계적으로 중요하다. 이것은 태도, 신뢰, 자연의 인식과 관련된 나라의 차이는 문화적인 영향 때문이 아니라, 예를 들어 나이구조 차이를 지적하는 단순한 대안의 설명이 없다는 것을 증명해 주지 않는다.

호관련성을 갖는다고는 볼 수 없다. 따라서 이 항목은 다른 항목보다 식품생명공학에 대한 태도에 있어서 덜 분명한 지표라는 것을 믿을 필요가 없다. 이러한 예외 항목이 있음에도, 리커드 척도인 여덟 가지 태도를 기반으로 한 '유전자조작 식품에 대한 태도'의 평균값은 미국보다 독일에서 더 낮다(표 1).

5.2. 제도에 대한 일반적인 신뢰

이 항목들은 일반적인 제도의 신뢰를 측정하기 위해 사용되며, 인지된 의도와 능력이라는 두 가지 신뢰의 차원과 네 가지 사회의 핵심 제도를 참고하는 일반적인 제도의 신뢰를 측정하기 위해 사용되었다. 두 나라에서 응답자들은 정치적이고 경제적인 제도보다 과학적이고 법적인 제도를 더욱 신뢰할 수 있다고 평가했다(표 2). 게다가 신뢰에 있어서 이 차이는 능력의 차원이라기보다는 의도intentions의 차원으로 더욱 분명하게 나타났다.

여덟 가지 항목들 중 네 번째에서 독일 응답자들은 미국의 응답자들이 답변한 것보다 제도적인 신뢰 수준이 상당히 낮음을 보여주었다. 이 차이는 '의도'의 차원에서 과학적이고 법적인 제도의 측면으로는 적당하지만, 경제적이고 정치적인 제도의 측면에서는 크다. 특히 정치적이고 경제적인 제도의 인지된 의도에 있어서 미국과 독일의 일반적인 제도의 신뢰에 대한 관점은 현저하게 다르다. 앞에서 언급된 월드 밸류 서베이와 ISSP 2004의 일관된 결과를 가지고 보면 우리의 신뢰척도는 독일보다 미국에서 제도적인 신뢰가 상당히 더 일반적이라는 것을 보여준다(표 1).

5.3. 자연에 대한 인식과 이해

여덟 개의 항목 중 다섯 번째인 '자연에 대한 인식과 이해(이하 자연의 인식)' 척도는 독일과 미국 사이에서 상당한 차이를 보여준다. 그리고 모든 차이는 예상된 방향대로 미국보다 독일에서 자연에 대한 인식이 더 높다는 것을 나타낸다(표 2). 그 중에서도 미국 응답자들은 '인간은 자연보다 더 영리하다'는 명제에 더 동의하고, '자연은 있는 그대로 보전되어야 한다'는 명제에 대해서는 적게 동의하였다. 이 척도는 미국과 독일 사이에서 상당한 의미의 차이를 보여준다(표 1).

5.4. 유전자조작 식품에 대한 태도들의 지표로서 자연과 제도적인 신뢰의 인식

두 나라에서 개개의 자연 항목들과 '자연의 인식' 항목 사이에서 태도척도를 가진 대부분의 두 개의 변수의 상호관계는 의미 있으며 예상된 방향을 모두 보여준다(표 3). 반대로 각 나라에서 자연에 대한 더 높은 인식 수준은 식품생명공학에 대한 더 비판적인 태도와 관련이 있다. 이 상호관계는 보통이다. 그러나 그것은 자연 항목들이 생명공학을 참고하지 않는다는 것을 기억해야만 한다. 우리들의 자연에 대한 인식 측정은 독립적인 지표로서 정확하다. r=.33(미국)과 r=.31(독일)의 상호관계는 태도와 자연 척도 사이에서 자연의 인식에 의해 각각의 나라 안에서 태도변화의 약 10퍼센트가 설명될 수 있다는 것을 의미한다. 이것은 자연척도가 기술적으로 매우 부족하고 내부적으로 낮은 신뢰도를 갖기 때문에 놀라운 일이다. 제시된 결과에 근거하여 우리는 미국과 독일에서 유전자조작 식품에 대한 태도의 중요한 지표가 되기 위해 자연의 인식을 고려하였다.

두 나라 사이에서 유전자조작 식품에 대한 태도를 가진 제도적인 신뢰의 상호관계는 눈에 띄게 다르다. 미국 샘플의 경우, 예상된 바와 같이 모든 신뢰 항목 상호관계는 유전자조작 식품에 대한 태도와 상당한 관련이 있었다. 정치, 법, 경제, 과학 분야의 네 가지 하위조직의 제도로서 갖는 더 높은 신뢰는 더 긍정적인 태도를 수반한다. 태도척도와 신뢰척도의 상호관계는 신뢰척도와 태도척도의 상호관계보다 더 낮지만, 그것은 여전히 중요하다(표 3). 그러나 독일의 경우 유전자조작 식품에 대한 태도와 일반적인 신뢰척도의 모든 상호관계는 거의 제로에 가깝고 통계적으로 중요하지 않다. 리커드 척도인 '제도에 있어서의 신뢰'의 동등성은 정확하다. 따라서 미국에서는 일반적인 신뢰가 태도 구성에 적당히 중요한 신뢰 요소지만, 독일에서는 아니다.

표 3_ '유전자조작 식품에 대한 태도'를 포함한 '제도상의 신뢰'와 '자연의 인식'(항목과 척도)의 이변수 상호작용

	'유전자조작 식품 태도' 척도와의 상호관련성	
	미국	독일
제도상의 신뢰		
최선의 것을 하기 위한 정치적인 제도(+)	.13**	.00
최선의 것을 하기 위한 법적인 제도(+)	.14**	-.01
최선의 것을 하기 위한 경제적인 제도(+)	.14**	.01
최선의 것을 하기 위한 과학적인 제도(+)	.17**	-.02
정치적인 제도는 충분한 상태이다(-)	-.09*	-.03
법적인 제도는 충분한 상태이다(-)	-.11*	.00
경제적인 제도는 충분한 상태이다(-)	-.16**	-.01
과학적인 제도는 충분한 상태이다(-)	-.16**	.03
리커드 척도 '제도상의 신뢰'	.24**	.03
자연의 인식		
인간을 위한 자연의 변화는 괜찮다(-)	.29	.22**
자연은 있는 그대로 보존되어야 한다(+)	-.21**	-.17**
인간은 자연의 균형을 쉽게 파괴할 수 있다(+)	-.13**	-.15**
자연은 변화하기 위한 적응을 발견한다(-)	.09	.01
인간은 자연보다 영리하다(-)	.14**	.15**
인간에 의해 만들어진 것보다 자연에 의해 만들어진 것들이 더 완벽하다(+)	-.25**	-.15**
인간은 그들 스스로를 보호하기 위해서 자연을 제어해야만 한다.(-)	.11*	.10**
자연은 인간으로부터 보호되어야 한다(+)	-.12**	-.19**
리커드 척도 '자연의 인식'	-.33**	-.31**

*p≤.05, **p≤.01

5.5.공분산共分散 다변인 분석

이변수 분석의 결과는 이슈 인식과 사회인구통계학적인 변인 사이의 상호관계에 의한 경향이 있는데, 이 가능성을 감소시키기 위하여 우리는 각 두 나라의 공분산 다변인 분석을 수행했다. 우리는 유전자조작 식품에 대한 태도를 종속변인으로 정의하고, 자연과 신뢰 척도는 공분산으로서 논쟁 인식뿐 아니라 성별·나이·교육의 정도는 요인으로서 정의했다. 이 분석의 목적은 기본 사회인구통계학적인 변인들과 인식의 영향력을 수정하는 것에 대한 통제를 하는 동안 '제도의 있어서 신뢰'와 '자연의 인식'의 예상 가능한 능력을 결정하기 위한 것이다(표 4).

끝으로 우리는 모든 상호작용을 가진 앞서 언급된 세 가지 사회인구통계학적인 변인과 인식의 요인들을 포함한 기본 모델BM을 정의한다. 우리는 모델 변수들을 해석하기 위한 시도는 하지 않는다. 이 기본 모델은 성, 나이, 교육 정도 그리고 인식을 통제한 자연척도와 신뢰척도에 따라 의미변동에서 일어난 증가를 측정하여 신뢰에 미치는 특별한 영향력, 자연에 대한 인식, 그리고 상대적인 중요성을 결정하는 근거로 활용되었다.

표 4_ '유전자조작 식품에 대한 태도'에 기반한 '자연의 인식'과 '제도상의 신뢰'의 단일효과와 결합효과를 보여주고 성별, 나이 그룹, 교육 정도, 논쟁 인지를 제어하는 다변수 선형모델

	미국				독일			
	효과적인 샘플 크기: n=499				효과적인 샘플 크기: n=896			
		의미 변동(%)				의미 변동(%)		
	모델	수정되기 전	수정된 후	BM 과의 차이	모델	수정되기 전	수정된 후	BM 과의 차이
기본 모델(BM)a 〈모델 1〉	df=82	23.5	8.4		df=84	25.3	17.6	
BM + 주요효과 '신뢰'b 〈모델 2〉	df=83	29.5	15.4	7.0	df=85	25.5	17.7	0.1
BM + 주요효과 '자연' + 두 가지 상호작용들 ('자연×교육의 정도' 와 '자연×나이 그룹'c) 〈모델 3〉	df=88	36.1	22.4	14.0	df=90	35.7	28.5	10.9
BM + 주요효과 '신뢰' + 주요효과 '자연' +두 가지 상호작용 ('자연×나이그룹'과 '자연×교육의 정도'd) 〈모델 4〉	df=89	39.2	25.9	17.5	df=91	36.1	28.8	11.2

a기본 모델: 포화 모델 '성별' '나이그룹' '교육의 정도'와 '인지'(주요한 효과와 모든 상호
작용들)

b주요 효과 '신뢰'는 오직 미국에서만 중요하다. 독일에서는 BM 변수들의 정확성의 두 가
지 상호작용이 중요하지 않다.

c상호작용 '자연×나이 그룹'은 오직 독일에서만 중요하다.

d주요 효과 '신뢰'는 미국에서만 유용한 데이터이다. '자연×나이 그룹'은 독일에서만 중요
하다.

자유도의 큰 숫자 때문에 우리는 이후에 있을 논쟁에 대하여 보정되고 설명된 분산을 참고하였다. 모델 2와 3에서 우리는 적어도 하나의 나라에서 상당히 중요한 기본 모델의 네 가지 요인들을 가지고 주요 효과와 상호작용 효과를 포함하는 공분산으로써 자연척도와 신뢰척도를 각각 추가했다. 우리는 비록 영향력이 오직 하나의 나라에서만 중요하다고 하더라도 두 나라 모두 동일한 모델을 사용했다(세부 항목에 대한 표 4의 각주를 보라).

　공중합의 다변인 분석은 일반적으로 이변수 상호작용의 분석 결과로 확인된다. 네 가지 제어 변수들의 해석상의 힘과 결합한 기본 모델과 비교하여, 신뢰척도는 미국에서 해석된 변인들의 7%가 증가하지만 독일에서는 유전자조작 식품에 대한 태도는 아무런 상관이 없다. 자연척도(적어도 하나의 나라에 있어서 중요한 제어 변인을 이용한 두 개의 상호작용과 주요한 효과)는 미국에서는 의미 분산에서 14%의 증가를, 독일에서는 약 11%의 증가 추세를 보였다. 따라서 자연의 인식은 사회인구통계학적인 변인과 논쟁 인식에 대한 제어를 할 때조차도 두 나라 모두에서 유전자조작 식품 태도의 매우 좋은 지표이다.

　모델 3은 자연척도와 신뢰의 결합된 효과를 보여준다. 다시 모델 2와 비교해 보면, 독일에서는 일반적인 제도상의 척도는 유전자조작 식품에 대한 해석된 분산을 좀처럼 증가시키지 못하지만 미국에서 일반적인 제도상의 신뢰는 유전자조작 식품에 대한 해석에 영향을 준다. 그러나 자연 인식과 제도상의 신뢰는 통계상으로는 관련이 있음을 보여준다. 자연에 대한 인식과 제도상의 신뢰는 미국(r =-.22, p≤.01)과 독일(r = -.16, p≤.01)에서 부정적이고 약한 상호관련성을 보여주었다. 이 차이는 미국에서 모델 2와 모델 3 사이의 의미의 변동 차이가 기본 모델과 모델 1 사이에서의 차이보다 더 작다는 것을 의미한다. 그럼에도 미국에서 일반적인 제도상의 신뢰는 자연의 인식, 인지, 사회통계학적인 변인들에 대한 제어를 할 때 다소 의미의 변동을 증가시킨다.

6. 토론

식품생명공학의 의미 만들기와 자연 개념의 상호연관성에 관한 우리의 가설은 분명히 확인되었다. 두 나라에서 모두 자연의 개념은 단순한 척도를 사용했음에도 매우 중요한 역할을 하였다. 이 척도는 분석 결과 이후에 확립된 가설과 그것들 안에 내재하는 함축적인 자연 인식의 정도가 자연 개념의 차이에 있어서 다르다는 하나의 타당한 관점에 기반을 두었다. 우리는 독일에서 자연에 대한 인식이 더 높은 것은 미국과 독일에서의 태도 차이의 부분으로 결론을 내릴 수 있다. 그러나 우리는 이 척도들을 이용한 자연 개념의 해석상의 잠재성을 철저히 규명하지는 않는다. 자연 관련 상징, 단체, 경험의 문화조사 일람목록의 질적 분석을 기반으로 한 미래의 다차원적인 버전은 개념의 예언적인 능력을 증가시킬 것이다.

신뢰와 관련한 결과를 해석하기는 조금 더 어렵다. 우리는 양국에서 식품생명공학에 대한 태도에 대해서 보편적인 신뢰가 주는 영향을 기대했고 미국의 경우에 독일보다 높은 제도적인 신뢰를 기대했다. 예상했던 대로 독일보다는 미국에서 제도적 신뢰가 더 높게 나타나는 것을 발견했다. 우리는 양국에 걸쳐 식품생명공학에 관한 태도에 제도적인 신뢰가 통계에 미치는 영향의 차이점을 발견하였다. 미국에서 보편적인 신뢰가 적절하고 중요한 태도의 지표가 되었지만, 이는 독일에서 나타나는 식품생명공학에 대한 태도를 설명해 주지는 않았다. 이것은 예상되지 않은 결과이다. 왜냐하면 그것은 보통 혁신적인 기술에 대한 상반되는 태도와 위험성에 대한 신뢰의 정도에 관한 것이지 신뢰의 영향에 관한 것은 아니기 때문이다. 우리의 인상적인 결과는 쉽지 않고 결정적이지 못한 해석을 끌어냈지만, 이러한 결과를 통해 우리는 두 가지의 원리를 구분하여 제시할 수 있다. 이것은 미국에서보다 독일의 대중이 갖는 **제도적 신뢰의 맥락적인 특수한 차이점 그리고 GM 음식에 대해 독일보다 미국에서 높은 제도적인 신뢰에 대한 타당성**이 형성되는 것을 설명해 주고 있다.

이제 우리는 (1) 다른 정치적이고 의미 있는 양국에서의 식품생명공학 이슈, (2) 보다 강한 미국의 전체주의와 개인주의를 참조하여 맥락적인 특수한 차이점, 그리고 신뢰에 대한 타당성에 관한 가능한 이유들을 밝혀내는 것을 시도할 것이다. 우리는 혁신을 기반으로 하는 불확실성을 결정하는 것에 있어서 신뢰의 다른 효과에 대해 설득력 있는 해석을 제시하는 다섯 가지 가설을 아래에서 제안하였다.

식품생명공학 이슈의 프레이밍

미국과 독일 사이에서 식품생명공학 이슈의 구조와 정치적 프레이밍은 많은 관점에서 다르다. 따라서 양국에 걸쳐 있는 차이점의 윤곽을 잡고 미국과 독일에서 바뀌어가고 있는 신뢰가 주는 영향에 대한 세 가지 가설을 끌어내려 한다.

이슈의 범위

제샌오프(Jasanoff 2005)는 식품생명공학을 논의하고 제재하는 데 있어 미국이 위험에 대한 관점을 좁게 맞추고 있는 반면, 유럽(특히 독일)에서는 보다 넓은 가치에 초점을 두고 있으며, 글로벌한 관점이 좀 더 중요한 역할을 한다고 주장하였다. 밀스톤Millstone, 폰 츠반넨베르크Von Zwanenberg, 매리스Marris, 레비도우Levidow, 토거슨(Torgersen 2004)은 미국과 유럽 3국에서 같은 주제를 바탕으로 한 식품에 관한 이슈에 대한 분석을 하여 동일한 결론을 내렸다. 독일에서 식품생명공학은 유럽연합 정책의 결과로서 농업과 과잉생산과 같은 폭넓은 이슈 스펙트럼 그리고 핵기술과 같은 다른 기술적인 논쟁, 알려진 다국적 기업의 경제적 제국주의, 그리고 미국과 관련을 맺고 있다(Peters and Sawicka 2007). 당연히 소비자의 선택에 대한 이슈와 같은 보다 폭넓은 문화적 함축은 미국에도 존재하고 있다(Hallman et al 2004). 그러나 우리는 구체적인 위험과 소비자의 비용 편익에 대한 고려가 미국보다 독일에서 결정과 태도의 형성에 상대적으로 덜 중요하다는 것을 주장할 수 있다.

관료적인 것과 정치적인 규제 프레임

우리는 두 가지 유형의 사회적 문제를 구분해야 한다. 바로 책임을 지는 조직, 적절한 규제와 기존의 관례에 존재하는 일상적인 문제, 그리고 이 같은 제도에 존재하지 않는 독특한 문제를 구별해야 한다. 규제 네트워크는 주로 공적인 행위 없이 기술관료적인 방식으로 전자의 문제를 다룬다. 후자의 문제는 공적인 담론, 정치적인 갈등, 그리고 시민사회 조직의 연계를 이끈다. 많은 학자들은 유럽과 독일보다 미국에서 더 '기술관료적인' 식품생명공학에 대한 규제 과정이 있음을 제시하였다(Epp 2003; Millstone et al. 2004; Jasanoff 2005). 이프(Epp 2003)는 식품생명공학 규제 조직에 관한 조사에서 미국의 식품생명공학은 식품 생산의 기술적인 발전의 연속성을 강조하면서 새로운 기술에 대한 특정 요구들에 대해 기존의 식품 규제시스템을 수용하면서 규제한다고 결론지었다. 대조적으로 식품생명공학의 새로움은 1997년 유럽연합의 규제를 인용하면서 독일에서 식품생명공학에 대한 새로움을 (보통 유럽에서 그런 것과 마찬가지로) 강조하였다. 이 결과는 제샌오프(Jasanoff 2005)가 2005년에 미국에서 조사한 유전공학 분석과 맥락을 같이하고 있다.

공적인 논쟁과 연계의 강도

이슈를 부각시키는 것과 공적으로 연루된 것에 대한 지표는 식품생명공학에 대한 발표의 강도와 어조뿐 아니라 미디어가 설문조사에 기반을 둔 공적인 인식의 측정까지 포함한다. 미국과 독일의 식품생명공학에 관한 미디어 보도의 강도 차이를 설명하기 위한 분명하고 결정적인 경험적 증거를 찾기란 매우 힘들다. 우리가 보여주었듯이, 유전자조작 식품에 대한 인식은 미국보다 독일에서 어느 정도 높다 (http://hdl.handle.net/2128/648, 표 A4 참조). 우리는 지난 10년 간 식품생명공학에 대한 공적인 논쟁의 강도가 미국보다 독일에서 더 높았던 것이 사실이라고 본다.

논쟁의 제도적 구조

메이저Mazur와 여타 학자들은 대부분 기술을 뒷받침하는 제도와 도전하는 저항운동간의 갈등으로 위험한 기술을 서술하고 있다. 그러므로 일반 대중은 기존의 과학, 경제, 정치, 법 제도를 논쟁적인 기술을 뒷받침하는 세력으로 바라볼 수 있다. 이것은 미국에서는 거의 사실이다. 그러나 독일에서의 기술 논쟁들은 그 중점이 기존의 정치적인 행정시스템과 과학계로 옮겨갔다. 녹색당 정치인들은 독일 연방이나 주정부의 장관이었거나 장관이다. 예를 들어 독일 그린피스의 공동 설립자이며 행정국장이었던 모니카 그리판Monika Griefahn은 니더작센 주정부의 환경부 장관이 되었다. 연방정부 그리고 노르드라인 웨스트팔렌주 정부에서는 녹색당의 구성원인 레나테 큐나스트(Renate Künast 2000-2005) 그리고 베르벨 횐Bärbel Höhn이 농업식품부 장관을 역임했으며, 반反식품생명공학 정책을 지휘하였다. 독일에서 식품생명공학에 대한 논쟁은 미국보다 기존의 하위시스템 안에서 더 많이 제도화되었다.

언급된 독일과 미국의 이슈 프레이밍에서 변수는 선명한 대안을 보여주지는 않지만 정도의 차이는 보여준다. 또한 이슈들은 역동적이 되고 몇몇 관찰자들은 유럽과 미국의 식품생명공학 그리고 여론에 대한 구조가 수렴되는 추세를 관망할 수 있다. 최근에 미국과 독일의 식품생명공학 이슈는 정치·행정적인 시스템과 공적 영역에서 다르게 나타난다. 이슈 프레이밍에서 이문화에서 나타나는 상이점들이 유전자조작 식품에 대한 미국과 독일의 보편적이고 제도적인 신뢰에 대한 상이한 영향을 어떻게 설명할 수 있는지에 대해 우리는 세 가지 가설을 제시한다.

1. 제도에 대한 믿음은 미국인들이 식품생명공학에 대하여 느끼는 불확실성을 해결할 수 있다. 왜냐하면 미국에서는 제도가 식품생명공학에 대한 분명한 지지를 보여주기 때문이다. 독일에서는 그렇지 않다. 왜냐하면 독일에서는 제도의 지지가 모호하고 논의의 여지가 있기 때문이다. 시민의 신뢰는 미국에서는 기존의 제도가 제공하는 식품생명공학에 대한 지지로부터 분명한 신호를 얻기도 하지만, 독일에서는 지지가 분명하지도 않고 또한 식품생명공학을 반대하는 혼잡한 신호를 제도들로부터 얻는다. 그러므로 독일의 경우 제도적 신뢰는 개인적인 식품생명공학에 대한 평가의 불확실성을 제거해 주지 못하고 오히려 부적절한 태도를 나타내도록 한다.

2. 폭넓은 이슈 그리고 규제 문제로서 식품생명공학의 새로움에 대한 강조 때문에 식품생명공학을 다루는 기존의 기술관료적인 방법은 독일의 규제시스템과 대중에 의해 적합한 것으로 인식되지 않는다. 결과적으로 이러한 이슈의 정치화는 미국보다 독일에서 더 높다. 이로인해 미국보다 독일에서 공적인 토의와 시민 참여가 더 중요한 역할로 요구된다. 이 가설은 제도적 신뢰가 '정치적인' 행위보다 '기술관료적인' 행위에 의해 더 의미 있는 방향으로 흘러간다는 일반적인 가정을 포함한다.

3. 지난 10년 간 미국보다는 독일에서 식품생명공학이 좀 더 두드러지

게 나타난 공적인 이슈였기 때문에, 식품생명공학에 대한 더 많은 정보들이 독일에서 평균적으로 더 높고 그것에 대해 연관된 정도도 높다. 이것은 제도의 행위(성과)에 대한 특별한 기대를 가진 이슈의 발전을 결과로 가져왔다. 반면에 미국 사람들은 신뢰가 부족한 일반적인 기대감 속에서 식품생명공학에 대한 신뢰 판단을 한다. 무엇보다도 독일인들의 더 높은 의식수준 때문에 심지어는 신뢰받는 제도들이 제시한 생명공학 평가 결과에 덜 의지하려고 한다. 오히려 주관적인 관련 논의를 바탕으로 한 자신의 고유한 평가를 일반화하기를 더 좋아한다. 이 가설에 동의하면서, 브로사드Brossard와 나이스벳(Nisbet 2007)은 미국에서 '과학적 권위에 대한 복종'이 생명공학에 대한 태도의 결정적인 지표임을 주장했다.

보편주의와 개인주의

이슈를 프레이밍하는 것과 이슈를 드러내는 것 외에도, 혁신적인 기술들에 내재하는 불확실성을 다루는 연구방법 중에서 '문화에 정향된 연구방법'은 서로 다른 태도의 형성을 설명하는 과정을 밝히는 데 적절한 신뢰를 부여할 것이다. 이것은 신뢰의 역할을 중요하게 여기면서 목표를 세우고 행동을 유도하는 상이한 문화적인 방법들을 살펴보는 데 적절하다. 호프스테드(Hofstede, 2001)는 이러한 접근방법을 '멘탈 프로그램mental program'이라고 설명하였다. 파슨즈(Parsons 1951)의 패턴 변수들은 이런 조사들을 위한 전통적인 틀

framework을 제공하였다. 이 이론은 사람들의 행동을 예측할 때, '감정 대 감정적인 중립' '개인적인 방향 대 집단의 방향' '보편주의 대 개인주의' '성취 대 귀속' 그리고 '특수성 대 보편성'의 다섯 가지 수준에서 가능하다고 말한다. 파슨즈와 몇몇 사람들(Parsons 1951; Trompenaars and Hampden Turner 1997)은 문화를 분류하는 데 이러한 차원을 이용하였다. 이와 같은 가정은 상이한 문화들은 대비를 하는 데 있어서 상이한 선택적인 결여가 있다는 것을 제시하는 것이다.

파슨즈의 패턴 변수 중에서, '보편성 대 특수성'과 '개인적 지향성 대 집단지향성'은 우리의 신뢰에 관한 논의와 관련이 있다. 보편주의는 사람과 조직의 특별한 관계를 고려하지 않으면서 규칙에 근거한 연구방법을 지지한다. 신뢰는 일반적인 관계자들과 특정한 관계가 없는 사람들을 상대할 수 있는 가능성을 증가시키기 때문에, 보편주의자들의 원칙에 따라 행동할 때 더 밀접한 관계를 만들어낸다. 그러므로 보편적 지향성을 갖는 문화는 불확실성에 대처하기 위해 특별한 관계나 상호 책임에 의해 주관적 확실성을 강조하는 배타적인 문화보다 신뢰의 과정에 더 의존한다. 더구나 보편주의는 배타주의보다 더 '일반화'를 지향하기 때문에(Parsons 1951) 그 신뢰의 차이점은 특별한 신뢰보다 일반적인 신뢰에서 더 많이 논해질 수 있다.

우리는 '개인적인 방향 대 집단적인 방향'의 관점과 연관된 논의를 할 수 있다. 야마기시와 야마기시(Yamagishi and Yamagishi 1988)

는 신뢰와 책임은 불확실한 것에 있어서 동등한 기능을 한다는 것을 보여주었다. 집단주의적 문화에서 집단 안에서 이루어지는 관계는 집단 이외의 사람들과의 관계보다 강한 지지를 받는다. 그러나 한 집단 안에서의 불확실성은 신뢰보다는 집단규범의 제도와 책임의 결과에 따라 감소된다. 호프스테드(Hofstede 2001)는 나아가서 집단주의 문화의 신뢰는 대개 일반적인 관계자들이 아니라 특정한 사람들에 의해 확립된다고 주장한다. 또한 그는 통계적으로 '보편주의 대 배타주의'가 개인주의와 연관된다는 사실을 지적하였다. 바로 '개인주의 사회는 보편주의자가 되는 경향이 있다'는 것이다. 이런 논쟁들에서 우리는 불확실성의 감소를 위해서는 신뢰(특히 맥락지향적인 일반적 신뢰)가 배타적이고 집단적인 문화보다 보편적이고 개인적인 문화에서 더 중요한 장치가 된다는 결론을 내린다.

세계적인 시각에서, 미국과 독일은 모두 보편적이며 개인적인 문화의 나라이다. 그러나 트롬피나르스와 햄프든 터너 그리고 호프스테드(Trompenaars and Hampden-Turner 1997; Hofstede 2001)가 수행한 보다 큰 규모의 국가간 조사에서 양국은 다른 정도의 보편주의와 개인주의를 나타내고 있음을 보여주었다. 미국은 독일보다 더 보편적이고 개인주의적이다. 여타 연구들이 대중적인 문화에 있어 유사한 수준의 차이점을 제시하는 반면, 이 조사는 집합적인 문화에서 국가간의 차이점이 있음을 제시하고 있다. 일반 주민을 대상으로 한 월드 밸류 서베이에 기초하여, 잉글레하트와 벨젤(Inglehart and Welzel

2005)은 미국이 개인주의에 관한 '자기표현의 정도'가 독일보다 더 높게 위치함을 발견했다. 이 차이점을 기초로 보편적/개인적 대 배타적/집합적인 문화들에서 불확실성에 대처하기 위한 다른 장치 mechanism를 논의하면서, 우리는 미국과 독일에서 유전자조작 식품에 대한 신뢰의 태도와 관련하여 실증적인 차이를 설명하기 위해 두 가지 가설을 더 제안한다.

4. 보다 강한 보편주의와 개인주의로 인하여 미국의 문화는 불확실성에 대처하는 장치로서 '신뢰'를 지지하고, 기능적 등가치로서 '배타적' 사회적 관계와 책임은 경시한다. 이 가설은 보편주의와 개인주의가 신뢰의 정도에 따라 증가하는 것이 아니라, 그것들이 결정의 구성과 태도의 형성에 연계된 관련성에 따라 증가한다는 것을 말한다. 그러므로 발전과 적용 그리고 규제를 위한 제도적인 책임 안에서의 믿음과, 이 속에서의 식품생명공학에 대한 믿음은 기술에 대한 불확실성의 해결을 위해 미국보다 독일에서 더 효과적인 장치이다.

5. 특별한 상호작용 파트너가 함께하는 특별한 상황과 높은 수준의 신뢰의 일반화는 사회적 상황의 관점과 특별한 행위자한테서 추출한 보편주의적인 추론과 추상에 의존한다. 미국과 비교하여 상대적으로 낮은 독일의 보편주의와 개인주의는 이 신뢰의 일반화를 방해한다. 그래서 제도보다는 신뢰의 맥락적인 특별한 변수와 사람의 신뢰에

강한 믿음을 갖도록 한다. 그러므로 우리의 조사연구에서 측정한 독일의 일반적인 제도적 신뢰는 미국보다 비논리적이며 별로 중시되지 않는 개념이다.

7. 결론

미국과 독일의 식품생명공학에 대한 태도의 차이를 다룬 우리들의 분석은 문화의 중요성에 근거한다. 문화적 요소들은 통계적으로 설득력 있는 좋은 지표들로 나타났다. 그러나 이것은 의미론적으로 현상으로부터 떨어져 있기 때문에 전통적인 위험들이나 이익들에 비해 분석적으로 대단하지 않은 지표들이다(Sjoeberg 1998).

　우리는 미국과 독일에서의 식품생명공학과 관련한 의견에 있어서 일반적인 제도적 신뢰에 미치는 상이한 영향에 대한 발견을 설명하기 위해 가설들을 제안하였다. 이것은 기술 혁신과 연관된 불확실성을 다루는 사회적 방법과 어떻게 이것이 관점을 달리하는지와 관련하여 더 자세히 조사할 필요가 있다. 우리의 연구 결과는 일차적으로 신뢰가 미국과 독일의 생명공학에 대한 사회적 반응들에서 나타나는 차이점을 설명하는 것이 아니라, 다양한 이슈 프레이밍과 문화적으로 구성된 방향이 부여한 불확실성을 다루면서 나타난 상이한 효과를 제시한 것이다.

제도적 신뢰와 자연의 개념들은 과학·기술·환경과 연관된 다른 이슈들과 잠재적으로 관련이 있다. 나노기술, 줄기세포 연구, 에너지 공급 시스템들은 의미론적으로 자연의 개념들과 연관되고 불확실성을 사회로 이입하는 이슈들의 예가 된다. 그러나 우리는 이 결과에 대한 일반화에 주의해야 한다. 문화는 꾸준히 변화한다. 여타 다른 나라들과 같이 미국에서 정부에 대한 신뢰는 수십 년에 걸쳐 감소해 왔다(Dalton 2005). 만약 우리의 분석들이 사실이라면, 미국에서의 이 제도적 신뢰의 감소는 혁신과 관계된 불확실성에 대한 사회적 포용력을 감소시켜 왔다. 무엇보다도 나이스벳(Nisbet 2005)이 수행한 미국에서 줄기세포 연구의 지원에 관한 분석들이 보여주듯이, 도덕적이고 종교적인 믿음과 같은 다른 문화적 양상들도 특정 기술의 혁신에 대한 이해와 연관된다. 그러나 이와 같은 경고들은 우리의 분석에서 취한 일반적인 질문의 가치를 떨어뜨리지는 못한다. 즉 사회는 혁신을 받아들이는 능력들이 다른가? 문화는 무슨 역할을 이런 과정에서 하는가? 따라서 식품생명공학에 대한 우리의 연구는 혁신관계의 불확실성에 대처하기 위한 더 효율적인 구조와, 자연에 대한 인간의 간섭에 더 관대하기 때문에 독일 문화보다 미국의 문화가 기술적인 혁신들을 더 받아들이는 경향이 있음을 시사한다.

| 참고문헌 |

1장

Becker, E and Jahn, T.(eds.), *Soziale Oekologie: Grundzuege einer Wissenschaft von den gesellschaftlichen Naturverhaeltnissen*, Frankfurt/M. 2006.

Cook, F.L., Tyler, T.R., Goetz, E.G., Gorden, M.T., Protess, D., Leff, D.R., and Molotch, H.L., Media and Agenda Setting: Effects on the Public, Interest Group Leaders, Policy Makers, and Policy, *Public Opinion Quarterly*, 47(1), 1983, pp. 16-35.

Cozzens, M.D. and Contractor, N.S., The Effects of Conflicting Information on Media Skepticism, *Communication Research*, 14(4), 1987, pp. 437-451.

Friedman, S.M., Gorney, C.M., and Egolf, B.P., Reporting on Radiation: A Content Analysis of Chernobyl Coverage, *Journal of Communication*, 37(3), 1987. pp. 58-79.

Gerbner, G., Gross, L., Morgan, M., and Signorielli, N., *Television Entertainment and Viewers'Conception of Science*, University of Pennsylvania, 1985.

Hampel, J. and Renn, O., *Gentechnik in der Oeffentlichkeit: Wahrnehmung und Bewertung einer umstrittenen Technologie*, Frankfurt/M. New York, 1999.

Jungerman, H., Rohrmann, B., and Wiedemann, P.M.(eds.), *Risiko-Kontroversen: Konzepte-Konflikte-Kommunikation*, Berlin, Heidelberg, New York, 1991.

Koenigswieser, R. et al.(eds.), *Risiko-Dialog: Zukunft ohne Harmonieformal*, Koeln, 1996.

Lichtenstein, S., Slovic, P., Fischhoff,B., Layman, M., and Combs, B., Judged

Frequency of Lethal Events, *Journal of Experimental Psychology: Human Learning and Memory*, 4(6), 1978, pp. 551-578.

Lowry, S. and DeFleur, M.L., *Milestones in Masscommunication Research: Media Effects*, Longmann, New York and London, 1983.

MacKuen, M.B., and Coombs, S.L., *More Than News: Media Power in Public Affairs*, Beverley Hills,Ca, 1981.

Mazur, A., Mass Media Effects on Public Opinion About Nuclear Power Plants, Syracuse University, New York 1987; Media Coverage and Public Opinion on Scientific Controversies, *Journal of Communications*, 31(2), 1981, pp.106-115.

McCombs, M.E., and Shaw, D.L., The Agenda-Setting Function of Mass Media, *Public Opinion Quarterly*, 36(2), 1972. pp. 176-187.

Otway, H. and Peltu, M., *Regulating Industrial Risks: Science, Hazards and Public Protection*, London and Boston, 1985.

Peltu, Malcolm, Media Reporting of Risk Information: Uncertainties and the Future, in Themes and Tasks of Risk Communication, Forschungszentrum Juelich, 1988.

Peters, H. P., Energy Related Newspaper Articles: A Content Analysis of Articles from Twelve IAEA Member States, Forschungszentrum Juelich, 1984.

Peters, H. P., Public Opinion as a Channel of Communication between Science and other Parts of Society, Forschungszentrum Juelich, 1986.

Protess, D.L., Cook, F.L., Curtin, T.R., Gorden, M.T., Leff, D. R., McCombs, M.E., and Miller, P., The Impact of Investigate Reporting on Public Opinion and Policymaking: Targeting Toxic Waste, *Public Opinion Quarterly*, 51(2), 1987, pp. 166-185.

Rohrmann, B., Risk Perception Research: Review and Documentation, Forschungszentrum Juelich, 1999.

Sandman, P.M., Apathy Versus Hysteria: Public Perception of Risk, in Batra, L. R. and Klassen, W., *Public Perception of Biotechnology*, Bethesda, MD, 1987.

Sandman, P.M.,Sachsman, D.B., Greenberg, M.R., and Gochfeld, M., *Environmental Risk and the Press*, NJ. 1987.

Singer, E., and Endreny, P., Reporting Hazards: Their Benefits and Costs, *Journal of*

Communication, 37(3), 1987. pp. 10-26.

Turner, B.A., *Man -Made Disasters*, London, 1978.

Weis, W.L. and Burke, C., Media Contents and Tobacco Advertising: An Unhealthy Addiction, *Journal of Communication*, 36(4), 1986. pp.59-69.

서보윤, 디지털사회의 기업커뮤니케이션, 서울, 2006.

송해룡, 미디어 2.0과 콘텐츠생태계 패러다임, 서울, 성균관대학교출판부, 2009.

2장

Covello, V., Sandman, P.,and Slovic, P., *Risk Communication, Risk Statistics, and Risk Comparisons: A Manual for Plant Managers*, Washington, 1988.

Cox, R., *Environmental Communication and the Public Sphere*, Thousand Oaks, London, New Delhi, 2006.

Cvetkovich, G., Siegrist, M., Murray,R. and Tragesser, S., New Information and Social Trust: Asymmetry and Perseverance of Attributions about Hazard Managers, *Risk Analysis* 22(2), 2002.

Department of Health of UK, The Social Amplication of Risk: The Media and the Public, http://www.doh.go.uk/risk/riskampl.htm, 2003.

Flynn, J., Slovic,P., Kunreuther, H.(eds.), *Risk, Media, and Stigma: Understanding Public Challenges to Modern Science and Technology*, Earthscan, London, 2001.

Geuter, G. and Stevens, A.L.(eds.), *Mental Models*, Hillsdale, New Jersey, 1983.

Kahneman, D., Slovic, P., and Tversky, A., *Judgment Under Uncertainty: Heuristcis and Biases*, Cambridge University Prese, 1982.

Kasperson, R.E., et al., The Social Amplication of Risk: A Conceptual Framework, *Risk Analysis* 8, 1988.

Kepplinger, H.M. and Mathes, R., *Kuenstliche Horizonte: Die Darstellung von Technik in Zeitungen und Zeitschriften der BRD von 1965 bis 1986*, Mainz, 1988.

Lichtenberg, J., and MacLean, D., The Role of the Media in Risk Communication, in Themes and Tasks of Risk Communication, KFA Juelich, 1988.

Mazur, A., *The Dynamic of Technical Controversy*, Washington, 1981 참조.

Morgan, M.G., Fischhoff, B., Bostrom, A., Atman, C.J., *Risk Communication: A Mental Models Approach*. Cambridge University Press, New York 2002.

Nelkin, D., *Selling Science: How the Press Covers Science and Technoloy*, New York, 1987.

NRC, Improving Risk Communication. National Academy Press, Washington, D.C, 1989.

NRC, Understanding Risk: Informing Decisions in a Democratic Society. National Academy Press, Washington, D.C, 1996.

Peters, H.P., Reactions of the German Population to the Chernobyl Accident, Forschungszemtrum Juelich, 1987.

Public's Right to Information Task Force of the President's Commission on the Accident at Three Mile Island, Washington, U.S. Government Printing Office, 1979.

Sandman, P.M., Sachsman, D.B., Greenberg, M.R., and Gochfeld, M., *Environmental Risk and the Press*, NJ. 1987.

Slovic, P., Perception of Risk. *Science*, 236, 1987.

Waddell, C., Defining Sustainable Development: A Case Study in Environmental Communication, *Technical Communication Quarterly*, 4(2) 1995.

국립방재연구소, 우리나라 자연재해 발생추이 분석 및 대응방안 연구 1—풍수해 정기 대응을 중심으로, 2008.

송해룡·페터스, 한스·김원제, 위험인지와 위험 커뮤니케이션, 서울, 커뮤니케이션북스, 2009.

양승찬·강미은·도준호 공역, 매스커뮤니케이션 이론, 서울, 나남, 2002.

3장

Cox, R., *Environmental Communication and the Public Sphere*, Thousand Oaks, London, New Delhi, 2006.

Cvetkovich, G., Siegrist, M., Murray,R. and Tragesser, S., New Information and Social Trust:Asymmetry and Perseverance of Attributions about Hazard Managers, *Risk Analysis* 22(2) 2002.

Department of Health of UK, The Social Amplication of Risk: The Media and the Public, http://www.doh.go.uk/risk/riskampl.htm. 2003.

Flynn, J., Slovic, P., Kunreuther, H.(eds.), *Risk, Media, and Stigma:Understanding Public Challenges to Modern Science and Technology*. Earthscan, London. 2001.

Geuter, G. and Stevens, A.L.(eds.), *Mental Models*, Hillsdale, New Jersey, 1983.

Kasperson, R.E., et al., The Social Amplication of Risk:A Conceptual Framework, *Risk Analysis* 8, 1988.

Morgan, M.G., Fischhoff,B., Bostrom, A., Atman, C.J., *Risk Communication: A Mental Models Approach*. Cambridge University Press, New York, 2002.

NRC, Improving Risk Communication. National Academy Press, Washington, D.C. 1989.

NRC, Understanding Risk:Informing Decisions in a Democratic Society. National Academy Press, Washington, D.C. 1996.

Waddell, C., Defining Sustainable Development: A Case Study in Environmental Communication, *Technical Communication Quarterly*, 4(2) 1995

4장

Barber, B., *The logic and limits of trust*, New Jersey:Rutgers University Press, 1983.

Carson, R., Silent spring, Boston, 1962; 김은령 옮김, 침묵의 봄, 서울, 에코리브르, 2002.

Chemical Manufactures Association, Title lll community awareness workbook.

Washington, 1988.

Covello, V.T., Informing people about risk from chemicals, radiation, and other toxic substances: A review of obstacles to public understanding and effective risk communication, in: W.Leiss (ed.), *Prospects and problems in risk communication*. University of Waterloo Press, 1989.

Junk, R., *Der Atomstaat*, Frankfurt/M., 1977

Kepplinger, H. M., *Kunestliche Horizonte. Folge, Darstellung und Akzeptanz von Technik in der Bundesrepublik*, Frankfurt/M., 1989.

Luhmann, N., Die Moral des Risikos und das Risiko der Moral, in: G. Bechmann(Hg.), *Risiko und Gesellschaft*. Opladen., 1991.

Luhmann, N., *Soziale Systeme:Grundriss einer allgemeinen Theorie*, Frankfurt/M., 1984.

National Research Council, Improving Risk Communication, Washington, 1989.

Peters, H.P., Der Einfluss von Vertrauen auf die Einstellungen zur Gruenen Gentechnik, in Busch, R.J. and Pruetz, G.(Hg.), *Biotechnologie in gesellschaftlicher Deutung*, Muenchen, 2008.

Peters, H.P., Risiko-Kommunikation: Kernenergie, in Wiedemann, M., Jungermann, H., Rohrmann, P.M., *Risiko-Konzepte, Risiko-Konflikte, Risiko-Kommunikation*, ForschungsZentrum Juelich, 1990.

Wiedemann, P.M., Jungermann, H., Rohrmann, P.M., *Risiko-Konzepte, Risiko-Konflikte, Risiko-Kommunikation*, ForschungsZentrum Juelich, 1990.

5장

Beck, U., Die Risikogesellschaft. Auf dem Weg in eine andere Moderne, Frankfurt/M., 1986; 홍성태 역, 위험사회—새로운 근대성을 향하여, 서울, 새물결, 1996.

Covello, V.T., von Winterfelt, P., Slovic, P., Risk Communication:A Review of the Literature, *Risk Abstracts*, 3, No. 4, 1986, pp. 171-182.

Deutsch, M., *The Resolution of Conflict: Constructive and Destructive Processes*,

Yale University Press, 1973.

Festinger, L., *A Theory of Congnitive Dissonance*, Stanford University Press, 1957.

Huber, J., *Die verlorene Unschuld der Oekologie*, Frankfurt/M., 1984.

Kasperson, R.E.,Renn, O., Slovic, P., et al.,The Social Amplication of Risk: A Conceptual Framework, *Risk Analysis*, Vol.8, No.2, 1988, pp. 177-187.

Luhmann, N., *oekologische Kommunikation*, Opladen, 1986.

Luhmann, N., *Vertrauen: Ein Mechanismus der Redaktion sozialer Komplexiaet*, 2 Edition, Stuttgart, 1973.

Midden, C., Credibility and Risk Communication, Forschungazentrum Juelich, 1988.

Rempel, J.K., Holmes, J.G., and Zanna, M.P., Trust in Close Relationships, *Personality and Social Psychology*, 49, 1985, pp. 95-112.

Renn, O., Akzeptanzforschung:Technik in der gesellschaftlichen Auseinandersetzung, *Chemie in unserer Zeit*, 2, 1986, pp. 44-52.

Renn, O., *Gentechnik in der Oeffentlichkeit: Wahrnehmung und Bewertung einer umstrittenen Technologie*. Frankfurt/M. New York 1999.

Rotter, J.B., Interpersonal Trust, Trustworthiness and Gullibility, *American Psychologist*, 35, 1980, p. 1-7.

Siegrist, M., Test of a Trust and Confidence Model in the Applied Context of Electromagnetic Field(EMF) Risks, in *Risk Analysis*, Vol.23, No.4, 2003.

Slovic, P., Perception of Risk, *Science*, 236, No. 4799, 1987.

White, M.P., et al., Trust in Risky Messages: The Role of Prior Attitudes, in *Risk Analysis*. Vol.23, No.4, 2003.

Zimmermann, R., A Process Framework for Risk Communication, Science, *Technology and Human Values*, 12, No.3 and 4, 1987.

6장

Bayerische Rueck, *Risk is a Construct*, Muenchen, 1993.

Douglas, M., Wildavsky,A., *Risk and Culture*, Berkeley, 1982.

Enquete-Kommission, Enquetekommission des Deutschen Bundestags ́Chancen und Risiken der Gentechnologie ́(Bundestagsdrucksache 10/6775), Muenchen, 1987.

Evers, A., Nowotony, H., *Ueber den Umgang mit Sicherheit*, Frankfurt/M., 1987.

Fuchs, D., Die Einstellung zur Kernenrgie im Vergleich zu anderen Energiesystemen, Juelich, 1991.

Gruenenberg, H., Kuckartz, U., Umweltbewusstsein im Wandel: Ergebnisse der UBA-Studie Umweltbewusstsein in Deutschland 2002, Opladen, 2003.

Jungermann, H., Rohrmann, B., Wiedemann, P.M., *Risiko-Kontroversen:Konzepte, Konflikte, Kommunikation, Berlin*, Heidelberg, New York, 1991.

Oeko-Institut, Qualitative und soweit moeglich quantitative Abschaetzung der kurz- und langfriestigen Wirkungen eines Ausstiegs aus der Kernenergie. Gutachten im Auftrag des Bundesministerium fuer Wirtschaft, 1986.

Ollig, W., Ries, K., Akzeptanzprobleme der Gentechnologie in Deutschland, Juelich, 1995.

Peters, H.P., Dunwoody, S., *Massenmedien und Risikowahrnehmung*, Opladen, 1999.

Peters, H.P., Durch Risiko-Kommunikation zur Technikakzeptanz? Die Konstruktion von Risiko ́wirklichkeiten ́ durch Experten, Gegenexperten und Oeffentlichkeit, in Jens Krueger und Staphan Russ-Mohl(Hg.), *Risikokommunikation. Technikakzeptanz, Medien und Kommunikationsrisiken*, Berlin, 1991.

송해룡·김원제, 위험 커뮤니케이션과 위험수용, 서울, 커뮤니케이션북스, 2005

송해룡·김원제 · 조항민, 위험보도: 저널리즘과 과학적 사실의 충돌, 서울, 커뮤니케이션북스, 2005.

페터 비데만·송해룡, 휴대전화 전자파의 위험, 서울, 커뮤니케이션북스, 2006.

한스 페터 페터스·송해룡, 위험 커뮤니케이션, 서울, 커뮤니케이션북스, 2001.

한스 페터 페터스·송해룡, 위험보도와 매스커뮤니케이션, 서울, 커뮤니케이션북스, 2005.

7장

Berry D.C., Raynor D.K., Knapp P. and Bersellini E., Patients'undertsanding of risk associated with medication use:impacts of european commission guidelines and other risk scales. *Drug Safety*, 26, 1, 1-11., 2003.

Beyth-Marom, R., How probable is probable? A numercial translation of verbal probability expression. *Journal of Forecasting*, 1., 1982, pp. 257-269.

Bord, R.J. and O'Conor, R.E., Determinants of risk perceptions of a hazardous waste site. *Risk Analysis*, 12., 1992, pp. 411-416.

Brun, W. and Teigen, K.H., Verbal probabilities:ambiguous, context-dependent, or both? *Organizational Behaviour and Human Decision Processes*, 36., 1985, pp. 390-404.

Budescu, D.V. and Wallsten, T.S., Consistency in interpretation of probalitic phrases. *Organizational Behaviour and Human Decision Processes*, 36., 1985, pp. 391-405.

Budescu, D.V. and Wallsten, T.S., Processing linguistic probalities: General principles and empirical evidence. *The Psychology of Learning and Motivation*, 32., 1985, pp. 275-318.

Champaud, C. and Bassano, D., Argumentative and informative functions of french intensity modiviers "presque"(almost), a "peine"(just, barely) and "a peu pres" (about): an experimental study of children and adults. *European Bulletin of Cognitive Psychology*, 7., 1987, pp. 605-631.

Covello, V.T., Sandmann, P. M.and Slovic, P., Risk communication, risk statistics, and risk comparisons: A manual for plant managers, Washington, DC, Chemical Manufactures Association, 1988.

EPA-United States Environmental Protection Agency, Risk characterization handbook. U.S. Environmental Protection Agency, Washington, D.C, 2000.

Erev, I. and Cohen, V.L., Verbal versus numerical probabilities: efficiency, biases, and the preference paradox. *Organizational Behavior and Human Decision Processes*, 45., 1990, pp. 1-18.

Femers, S., *Information ueber technische Risiken: Zur Rolle fehelenden direkten*

Erfahrbarkeit von Risiken und den Effekten abstrakter Informationen. Frankfurt/M., 1993.

Fillenbaum, S., Wallsten, T.S., Cohen, B. and Cox, L.,: Some effects of vocabulary and communication task on the understanding and use of vague probability expression. *American Journal of Psychology*, 140., 1991, pp. 36-40.

Fischer, K. and Jungermann, H., Rarely occuring headaches and rarely occuring blindness: Is rarely=rarely? *Journal of Behavioral Decision Making*, 9., 1996, pp. 153-172.

Fischhoff, B., Ranking risks. In: M. Bazerman, D. Messick, A. Tenbrunsel and K. Wade-Benzoni(eds.), *Environmental and ethics: Psychological contributions*. San Francisco, 1997.

Fischhoff, B., Watson, S., and Hope, C., Defining risk. *Policy Sciences*, 17., 1984, pp. 123-139.

Freudenburg, W.R. and Rursch, J.A., The risks of "putting the numbers in context". A cautionary tale. *Risk Analysis*, 14., 1984, pp. 949-958.

Gonzales, M. and Frenck-Mestre, C., Determinants of numerical versus verbal probablities *Acta Psychologica*, 83., 1993, pp. 33-51.

Gonzales-Vallejo, C.C., and Wallsten, T.S., Effects of probablity modes on prefference reversal. *Journal of Experimental Psychology: Learning, Memory, and Cognition*, 18., 1992, pp. 855-864.

Gonzales-Vallejo, C.C., Erev, I., and Wallsten, T.S., Do decision quality and preference order depend on whether probabilities are verbal or numerical? *American Journal of Psychology*, 107, 1994, pp. 57-172.

Gray, P.C.R. and Wiedemann, P.M., Risk communication in print and on the web. A critical guide to manuals and internet resources on risk communication and issues management. Juelich, 2000.

Gray, P.C.R., Risk indicators: types, criteria, effects. A framework for analysing the use of indicators and comparisons in risk communication. Arbeiten zur Risiko-Kommunikation Heft 56. Juelich.

Halpern, D.F., Blackman, S. and Salzman, B., Using statistical risk information to assess oral contraceptive safety. *Applied Cognitive Psychology*, 3., 1989, pp.

251-260.

Hamm, R.M., Selection of verbal probabilities: A solution for some problems of verbal probability expression. *Organization Behavior and Human Decision Processes*, 45., 1991, pp. 1-18.

Hoefler, M., *Statistik in der Epidemiologie psychischer Stoerungen*, Berlin, 2004.

Jablonowski, M., Communicating risk. Words or numbers? *Risk Management*, Dezember, 1994, pp. 47-50.

Jaffe-Katz, A., Budescu, D.V. and Wallsten, T.S., Timed magnituce comparisons of numerical and nonnumerical expression of uncertainty. *Memory and Cognition*, 1989, pp. 249-264.

Johnson, B. and Slovic, P., Lay views on uncertainty in environmental health risk assessment. *Journal of Risk Research*, 1998, pp. 261-279.

Johnson, B. and Slovic, P., Presenting uncertainty in health risk assessment: Initial studies of its effects on risk perception and trust. *Risk Analysis*. 1995, pp. 485-494.

Johnson, B., Further notes on public response to uncertainty in risks and science. *Risk Analysis*, 24., 2003, p. 781ff.

Johnson, B., Stability and inoculation of risk comparisons' effects under conflict: Replicating and extending the "asbestos jury" study by Slovic et.al. *Risk Analysis*, 22., 2002, pp. 777-788.

Johnson, B., Varying risk comparison elements: effects on public reactions. *Risk Analysis*, 24., 2004, p. 103ff.

Kuhn, K.M., Message format and audience values: interactive effects of uncertainty information and environmental attitudies on perceived risk. *Journal of Environmental Psychology*, 20., 2000, pp. 41-51.

Levin, R., Hansson, S. and Ruden , C., Indicators of uncertainty in chemical risk assessments. Rugul Toxicol Pharmacol. Feb. 39, 2004, pp. 33-43.

MacGregor, D.G., Slovic, P. and Morgan, M.G., Perception of risk from electromagnetic fields: psychometric evaluation of a risk-communication approach, *Risk Analysis*, 14., 1994, pp. 815-828.

Magat, W.A., Viscusi, W.K.and Huber, J., Risk-dolar tradeoffs, risk perceptions and consumer behaviour, In: W.K.Viscusi and Magat(eds.), *Learing about risk, 83-97*. Cambridge; MA, Harvard University Press, 1987.

Miles, F. and Frewer, L., Public perception of scientific uncertainty in relation to food hazards. *Journal of Risk Rsearch*, 6., 2003, pp. 267-283.

Morgan, K.M., Dekay, M.L., Fischbeck, P.S. et.al. A deliberative method for ranking risks(II): Evaluation of validity and agreement among risk managers, *Risk Analysis*, 21., 2001, pp. 923-937.

Morgan, M.G. and Henrion, M., *Uncertainty. A guide to dealing with uncertainty in quantitative risk and policy research*, Cambridge, 1990.

Morgan, M.G., Florig, H.K., Dekay, M.L. and Fischbeck, P., Categorizing risks for risk ranking. *Risk Analysis*, 20., 2000, pp.49-58.

Mosteller, F. and Youtz, C. Quantifying probailstic expressions, Statistical perceptive, *Essays in congnitive psychology*, Hove, 1990.

Moxey, L. and Sanford, A.J., Communicating quantities, A psychological perspective. *Essays in cognitive psychology*, Hove, 1993.

Moxey, L. and Sanford, A.J., Communicating quantities: a review of psycholingustic evidence of how expressions determine perspectives, *Applied Cognitive Psychology*, 14., pp.237-255.

Newstead, S.E. and Collis, J.M., Context and the interpretation of quantifiers of frequency, *Ergonomics*, 30., 1987, p. 1447-1462.

NJDEP, Final report of the New Jersey comparative risk project, Trenton, NJ, 2003.

Ogden, J., Fuks, K., Gardner, M., Johnson, S., McLean, M., Martin, P. and Shah, R., Doctors expressions of uncertainty and patient confidence. *Patient Education and Consulting*, 48. 2002, pp. 171-176.

Proske, D., *Katalog der Risiken, Risiken und ihre Darstellung*, Dresden, 2004.

Purchase, I. and Slovic, P., Perspective:quantitative risk assessment breeds fear. *Human and Ecological Risk Assessment*, 5., 1999, pp. 445-453.

Roth, E., Morgan, M.G., Fischhoff, B., Lave, L. and Bostrom, A., What do we know about making risk comparisons? *Risk Analysis*, 10., 1990, pp. 375-387.

Sanford, A.J., Fay, N., Stewart, A. and Moxy, L., Perspective in statements of quantity with implications for consumer psychology. *Psychological Science*, 13., 2002, pp. 130-134.

Schuetz, H., Wiedemann, P.M., Hennings, W., Mertens,L. and Clauberg, M., Vergleichende Risikobewertung, Konzepte, Probleme und Anwendungsmoeglichkeiten, Juelich, 2004.

Slovic,P., Kraus, N. and Covello, V.T., What should we know about making risk comparisons, Comment, *Risk Analysis*, 10., 1990, pp. 389-392.

Stone, E.R., Yates, J.F. and Parker, A.M., Risk communication-absolute versus relative expressions of low-probability risks, *Organizational Behavior and Human Decision Processes*, 60., 1994, pp. 387-408.

Teigen, K.H. and Brun, W., Ambiguous probabilities: When does p=0.3 reflect possibility, and when does it express a about? *Journal of Behavioral Decision Making*, 13., 2000, pp. 345-362.

Teigen, K.H., The language of uncertainty, *Acta Psychologica*, 68., 1988, pp. 27-38.

Thalmann, A.T., *Risiko "Elektrosmog": Wie ist das Wissen in der Grauzone zu kommunizieren? Bewertung von Strategien zur Vermittlung undeutlicher Risiken und Vorschlaege fuer eine laienorientierte Kommunikation, Am Beispiel elektromagnetischer Felder des Mobilfunks*, Kassel, 2004.

Theil, M., The role of translations of verbal into numercial probability expressions in risk management: a meta-analysis. *Journal of Risk Research*, 5., 2002.

Viscusi, W.K., Alarmist decision with divergent risk information. *The Economic Journal*, 107., 1997, pp. 1657-1670.

Wallsten, T., Fillenbaum, S. and Cox, J.A., Basee rate effects on the interpretation of probability and frequency expressions, *Journal of Memory and Language*, 25., 1986, pp. 571-587.

Wallsten, T.S., Budescu, D.V., Rapoport, A., Zwick, R. and Forsyth, B., Measuring the vague meanings of probability terms. *Journal of Experimental Psychology: General*, 1986.

Weber, E.U. and Hilton, D.J. Contextual effects in the interpretaion of probability words: perceived based rate and severity of events. *Journal of Experimental Psychology: Human Perception and Performance*, 16., pp. 781-789.

Weinstein, N.D., Sandmann, P.M. and Robert, N.E., Communicating effectively about risk magnitudes. Washington, D.C.(EPA 230/08-89-064).

WHO, Establishing a dialogue on risk from electromagnetic fields, Geneva, 2002.

Zimmer, A.C., Verbal versus numerical processing of subjective probabilities, In R.W. Scholz(eds.), *Decision making under uncertainty*, Amsterdam, 1993.

8장

Gigerenzer, G., *Reckoning with risk. Learning to live with uncertainty*, London, Penguin, 2002.

Grutsch, M.A. and Thalmann, A.T., Vor was zittern die Polen? Ein Risikowahrnehmungsstudiee in Polen unter besonderer Beruecksichtigung des Mobilfunks. Arbeiten zur Risiko-Kommunikation, 87., Forschungszentrum Juelich, MUT, 2004.

Johnson, B.B and Slovic, P., Presenting uncertainty in health risk assessment: Initial studies of its effects on risk perception and trust. *Risk Analysis*, 15(4)., 1995, pp. 485-494.

Johnson, B.B., Further notes on public Response to uncertainty in risks and science. *Risk Analysis*, 23(4)., 2004, pp. 781-789.

Kuhn, K.M., Message format and audience values: interactive Effects of uncertainty information and environmental attitudes on perceived risk, *Journal of Environmental Psychology*, 20, 2000, pp. 41-51.

MacGregorr, D.G., Slovic, P. and Morgan, M.G., Perception of risk from electromagnetic fields: A psychometric evaluation of a risk-communication approach. *Risk Analysis*, 14(5)., 1994, pp. 815-828.

McMahan, S., Witte, K. and Meyer, J., The pereption of risk messages regarding electromagnetic fields: Extending the extended parallel process model to an unknown risk. *Health Communication*, 10(3)., 1998, pp. 247-259.

Newstead, S. E. and Collis, J. M., Context and the interpretation of quantifiers of frequency. *Ergonomics*, 30., 1987, pp.1447-1462.

Schuetz, H. and Wiedemann, P.M., Mobile Aengste: Gruppenspezifische Rezeption von Risikoargumenten beim Mobilfunk. *Strahlenschutz-Praxis*, 10(4)., 2004, pp. 8-14.

Thalmann, A.T. *Risiko Elektrosmog-Wie ist das Wissen in der Grauzone zu kommunizieren?* Weinheim, Beltz PVJ, 2005.

Thalmann, A.T., Grutsch, M.A., Bernhard, M. and Wiedemann, P.M., Pilotstudiee zur Entwicklung eines Bewertungsansatzes Mobilfunk-Infromationen. Arbeiten zur Risiko-Kommunikation, 88., Forschungszentrum Juelich, 2004.

Wiedemann, P.M., Clauberg, M. and Schuetz, H. Understanding amplication of complex risk issues: the risk story model applied to the EMF-case. In: N. Pidgeon, R.E. Kasperson and P. Slovic(eds.), *The Social Amplification of Risk*, 2003, pp. 286-305.

9장

Allan, Stuart, *Media, Risk and Science*, Philadelpia, 2002.

Fahr, Andreas, *Katastrophale Nachrichten?*, Muenchen, 2001.

Jungermann, Helmut, Rohrmann, Bernd, Wiedemann, Peter M., *Risiko-Kontroversen*, Berlin, 1991.

Kromp-Kolb, Helga, Formayer, Herbert, *Schwarzbuch Klimawandel*, Salzburg, 2005.

Lundgren, Regina E., McMakin, Andrea H., *Risk communication: A Handbook for Commuincating Environmental, Safety, and Health Risks*, Columbus, Ohio, 2004.

Nerb, Josef, *Die Bewertung von Umweltschaeden*, Bern, 2000.

Reussing, Fritz, Schwarzkopf, Julia, Phhlenz, Philipp, Double Impact: the climate blockbuster' the day after tomorrow and its impact on the german cinema public, Postdam, 2004.

Schuetz, Holger, Wiedemann, P.M., *Technik Kontrovers*, Frankfurt/M., 1993.

Trumbo, Craig, Constructing climate change: claims and frames in US news coverage of an enviromental issues, in *Public Underatnding of Science* Vol. 5., pp. 269-23.

Weingart, P., Engels, A., Pansegrau, P., *Von der Hypothese zur Katastrophe. der anthropogone Klimawandel im Diskurs zwischen Wissenschaft, Politik und Massenmedien*, Opladen, 2002.

Willkins, Lee, Between facts and values: Print media coverage of the greenhouse effect, 1987-1990, in Public Underatn. *Public Understanding of Science*, Vol. 2, No. 1. p.71-84.

송해룡·김원제 엮음, 위험 커뮤니케이션과 위험수용, 서울, 커뮤니케이션북스, 2005.

송해룡·김원제·조항민 역, 위험보도, 서울, 커뮤니케이션북스, 2007.

엘 고어, 김명남 역, 불편한 진실, 서울, 2006.

한스 페터 페터스·송해룡 저, 위험 커뮤니케이션, 서울, 커뮤니케이션북스, 2002.

한스 페터 페터스·송해룡 저, 위험보도와 매스커뮤니케이션, 서울, 커뮤니케이션북스, 2005.

10장

Bauer, M.W., Distinguishing *red* und *green* biotechnology: Cultivation *effects* of the ealite press, *International Journal of Public Opinion Research*, 17, 2005.

Beckwith, J. A., Hadlock, T. and Suffron, H., Public perception of plant biotechnology-a focus group study, *New Genetics and Society*, 22, 2003.

Bijker, W. E., Hughes, T.P. and Pinch, T.J. (eds.), *The social construction of technological systems. New directions in the sociology and history of technology*, Cambridge, MA., 1987.

Birnbacher, D., Mensch und Natur. Grundzuege einer oekologischen Ethik, in K.Bayertz(eds.), *Praktische Philosophie. Grundorientierungen angewandter Ethik*, Reinbek, 1991.

Braithwaite, V. and Levi, M. (eds.), *Trust and governance*, New York, 1998.

Brossard, D., Nisbet, M.C., Deference to scientific authority among a low information public: Understanding U.S. opinion on agricultural biotechnology, *International Journal of Public Opinion Research*, 19, 2007.

Coleman, J.S., *Foundations of social theory*, Cambridge, MA, 1990.

Cook, K.S. (eds.), *Trust in society*, New York, 2001.

Dalton, R.J., The social transformation of trust in government. *International Review of Sociology*, 15, 2005.

Doebert, R.J., Die Ueberlebenschancen unterschiedlicher Umweltethiken, *Zeitschrift fuer Soziologie*, 23, 1994.

Durant, R.F. and Legge, J.S., Jr., Public opinion, risk perception and genetically modified food regulatory policy. Reassessing the calculus of dissent among European citizens, *European Union Politics*, 6, 2005.

Earle, T.C. and Cvetkovich, G., Social trust and culture in risk management, in G. Cvetovich and R.E. Loefstedt (eds.), *Social trust and the management of risk*, London: Earthscan, 1999.

Epp, A., *Law in conflict. The regulation of genetically modified food in Germany and in the United States*, Unpublished doctoral dissertation, University of Bielefeld, Germany, 2003.

Frewer, L.J., Scholderer, J. and Bredahl, L., Communicating about the risks and benefits of genetically modified foods: The mediating role of trust, *Risk Analysis*, 23, 1117-1133, 2003.

Gaskell, G., Allum, N. and Stares, S., *Europeans and biotechnology in 2002: Eurobarometer 58.0*(Report to the EC Directorate General for Research from the project 'Life Sciences in European Society'), London, 2003.

Gaskell, G. and Bauer, M.W. (eds.), *Biotechnology 1996-2000 – the years of controversy*, London, 2001.

Gaskell, G., Bauer, M.W., Durant, J. and Allum, N.C., Worlds aparat? The Reception of genetically modified foods in Europe and the U.S., *Science*, 1990.

Gaskell, G., Einsiedel, E., Priest, S., Ten Eyck, T., Allum, N. and Torgerson, H., Troubled waters. The Atlantic divide on biotechnology policy. in G. Gaskell and M.W. Bauer (eds.), *Biotechnology 1996-2000 – the years of controversy*, London, 2001.

Gehlen, A., *Die Seele im technischen Zeitalter. Sozialpsychologische Probleme in der industriellen Gesellschaft*, Hamburg, 1957.

Giddens, A., *The consequences of modernity*, Cambridge, 1997.

Gill, B., *Streitfall Natur. Weltbilder in Technik und Umweltkonflikten*, Wiesbaden, 2003.

Hallman, W.K., Hebden, W.C., Aquino, H.L., Cuite, C.L., and Lang, J.T., *Public perceptions of genetically modified foods: A national study of American knowledge and opinion* (Publication No. RR-1003-004), New Brunswick, NJ: Rutgers University, 2003.

Hallman, W.K., Hebden, W.C., Aquino, H.L., Cuite, C.L., and Lang, J.T., *Americans and GM food:Knowledge, opinion and interest in 2004* (Publication No. RR-II04-007). New Brunswick, NJ: Rutgers University, 2004.

Hardin, R., Conceptions and explanations of trust, in K.S. Cook (eds.), *Trust in Society*, New York, 2001.

Heimer, C.A., Solving the problem of trust, in K.S. Cook (eds.), *Trust in Society*, New York, 2001

Hofstede, G., *Culture's consequences:comparing values, behaviors, institutions, and organizations across nations* (2nd), Thousand Oaks, 2001.

Hovland, C.I., Janis, I.L., and Kelly, H.H., *Communication and persuasion. Psychological studies of opinion change*, New Haven, CT, 1953.

Huber, J., *Herrschen und Sehen. Kulturdynamik* des Westerns, Weinheim, 1989.

Inglehart, R., Trust, well-being and democracy, in M.E. Warren (eds.), *Democracy and trust*, Cambridge, 1999.

Inglehart, R., and Welzel, C., *Modernization, cultural change, and democracy. the human development sequence*, Cambridge, UK, 2005.

Jasanoff, S., *Designs on nature:Science and democracy in Europe and the United States*, Princeton, NJ, 2005.

Knaus, A. and Renn, O., *Den Gipfel vor Augen. Unterwegs in eine nachhaltige Zukunft*, Marburg, 1998.

Kniazeva, M., Naturalness as a frame of reference for consumer perception of food. In W. J. Kehoe and J. H., Lindgren Jr (eds.), *Enhancing knowledge development in marketing, Vol. 13, Chicago: American Marketing* Association, 2002.

Kohring, M, and Görke, A., Genetic engineering in the international media: An analysis of option-leading magazines. *New Genetics and society, 19,* 2000.

Kuckartz, U., *Umweltbewusstsein in Deutschland 2000,* Ergebnisse einer reprasentativen Bevölkerungsumfrage[Environmental awareness in Germany 2000, Result of a representative population survey], Berlin, Bundesministerium fur Umwelt, Naturschutz and Reaktorsicherheit, 2000.

Luhmann, N., *Vertrauen. Ein Mechanismus der Reduktion sozialer Komplexität*[Trust. A mechanism for the reduction of societal complexity](3nd eds.). Stuttgart, Enke, 1989.

Mazur, A., *The dynamics of technical controversy.* Washington, Communications Press, 1981.

Miah, A., Genetics, cyberspace and bioethics: Why not a public engagement with ethics? *Public Understanding of Science, 14,* 2005.

Millstone, E., van Zwanenberg, P., Marris, C., Levidow, L. and Torgersen, H., *Science in trade disputes related to potential risks: Comparative case studies* (Technical Report Series EUR 21301 EN). DG Joint Research Centre: European Commission, 2004.

Nash, R., *Wilderness and the American mind*(4th ed.). New Heaven, Yale University Press, 2001.

Nisbet, M.C., The competition for worldviews: Values, information, and public support for stem cell research. *International Journal of Public Opinion Research, 17,* 2005.

Osgood, C.E. and Tannenbaum, P.H., The principle of congruity and the prediction of attitude change, *Psychological Review, 62,* 1955.

Ott, K., Potthast, T., Gorke, M. and Nevers, P., Uber die Anfänge des Naturschutzgedankens in Deutschland und in den USA im 19. Jahrundert[On the beginnings of the concept of the conservation of nature in Germany and the USA in the 19th century], In E. V. Heyen (ED.), *Jahrbuch für europäische Verwaltungsgeschichte:* Vol. 11 Naturnutzung und Naturschutz in der europäischen Rechts- und Verwaltungsgeschichte, Baden-Baden, Nomos, 1999.

Parson, T. (1951). *The social system*. Glencoe, IL: Free Press.

Peters, H.P., Das Bedürfnis nach Kontrolle der Gentechnik und das Vertrauen in wissenschaftliche Experten [The need for control of genetical engineering and trust in scientific experts]. In J. Hampel and O. Renn (eds.), *Gentechnik in der Öffentlichkeit: Wahrnehmung und Bewertung einer umstrittenen Technologie*, Frankfurt/M: Campus, 1999.

Peters, H. P. and Sawicka, M., German reactions to genetic engineering in food production. In D. Brossard, J. Shanahan and T. C. Nesbitt (eds.), *The public, the media, and agricultural biotechnology*, Wallingford, Oxfordshire, UK: CABI, 2007.

Petty, R.E. and Cacioppo, J.T., *Communication and persuasion. Central and peripheral routes to attitude change*. New York, Springer, 1986.

Poortinga, W., and Pidgeon, N. F., Trust in risk regulation: Cause or consequence of the acceptability of GM food? *Risk Analysis*, 25, 199-209. 2005.

Preisendörfer, P., Vertrauen als soziologische Kategorie - Möglichkeiten und Grenzen einer entscheidungstheoretischen Fundierung des Vertrauenskonzepts [Trust as a sociological category - Chances and limits of a decision theory foundation of the concept of trust], *Zeitschrift für Soziologie*, 24, 1995.

Priest, S., Bonfadelli, H., and Rusanen, M., The 'trust gap' hypothesis: Predicting support for biotechnology across national cultures as a function of trust in actors. *Risk Analysis*, 23, 2003.

Putnam, R.D., Tunning in, tuning out: The strange disappearance of social capital in America, *PS: Political Science and Politics*, 28, 1995.

Rayner, S., and Cantor, R., How fair is safe enough? The cultural approach to societal technology choice, *Risk Analysis*, 7, 1987.

Sawicka, M., Die Rolle von Naturbildern bei der Meinungsbildung über grüne Gentechnik—eine deutsch-amerikanische Vergleichsstudie[The role of images of nature for the formation of opinions on green genetical engineering—a comparison of Germany and the USA] *Umweltpsychologie*, 9(2), 2005.

Siegrist, M., The influence of trust and perception of risks and benefits on the acceptance of gene technology, *Risk Analysis, 20*, 2000.

Siegrist, M. and Cvetkovich, G., Perception of hazards: The role of social trust and knowledge, *Risk Analysis, 20*, 2000.

Sjöberg, L., World views, political attitudes and risk perception, *Risk: Health, Safety and Environment, 9*, 1998.

Sjöberg, L., Limits of knowledge and the limited importance of trust, *Risk Analysis, 21*, 2001.

Swidler, A., Culture in action: Symbols and strategies, *American Sociological Review, 51*, 1986.

Thomson, M., Ellis, R. and Wildavsky, A., *Cultural theory*, Boulder, Westview Press, 1992.

Trompenaars, F. and Hampden-Tunner, C., *Riding the waves of culture. Understanding cultural diversity in business* (2nd ed.) London, Brealey, 1997.

Tyler, T. R., Why do people rely on others? Social identity and social aspects of trust, In K.S. Cook (eds.), *Trust in society*, New York, Russell Sage Foundation, 2001.

Van den Daele, W., Concepts of nature in modern societies and nature as a theme in sociology. In M. Dierkes and B. Biervert (eds.), *European Social Science in Transition: Assessment and Outlook*, Frankfurt/M.: Campus, 1992.

Wade, N., *The ultimate experiment: Man-made evolution*. New York, Walker, 1977.

Wagner, W., Kronberger, N., Gaskell, G., Allansdottir, A., Allum, N., de Cheveigné, S. et al, Nature in disorder: The troubled public of biotechnology. In G. Gaskell and M. Bauer (eds.), *Biotechnology 1996-2000*—the years of controversy. London: Science Museum, 2001.

White, M. P., Pahl, S., Buehner, M., and Haye, A., Trust in risky messages: The role of prior attitudes. *Risk Analysis, 23*, 2003.

Worldviews, *Comparing American and European public opinion on foreign policy. Transatlantic key findings topline data. Full release*. Chicago Council on Foreign Relations (CCFR) and German Marshall Fund of the United States (GMF). Retrieved August II, 2006 at http://www.worldviews.org/detailreports/europeanreport/transatlantic_questionnaire.pdf. 2002

Wu, F., Explaining public resistance to genetically modified corn: An analysis of the distribution of benefits and risks, *Risk Analysis, 24,* 2004.

Yamagishi, T., Trust as a form of social intelligence, in K.S. Cook (eds.), *Trust in society,* New York, 2001.

Yamagishi, T., Yamagishi, M., Trust and commitment as alternative responses to social uncertainty, in W.M.Fruin (eds.), *Networks, markets, and the Pacific rim:Studies in strategy,* Oxford, 1998.

Zwick, M., Wertorientierungen und Technikeinstellungen im Prozess gesellschaftlicher Modernisierung, Das Beispiel der Getechnik(Arbeitsbericht Nr. 106), Stuttgart:Akademic fuer Technikfolgenabschaetzung in Baden-Wuerttemberg, 1998.